Kerzen und Figuren aus Bienenwachs

ECON Ratgeber
Hobby

Annette Arnold

# Kerzen und Figuren aus Bienenwachs

## Anleitung zum Selbermachen

ETB
ECON Taschenbuch Verlag

Recht herzlichen Dank für die freundliche Unterstützung und Beratung an René Reibetanz (Fotos), Wolfgang Kallen (Imker), Wilfried Müller (Mittelwandfabrikant und Korbimker) sowie die Firma Livos und die Firma Stockmar.

CIP-Kurztitelaufnahme der Deutschen Bibliothek

**Arnold, Annette:**
Kerzen und Figuren aus Bienenwachs: Anleitung
zum Selbermachen / Annette Arnold.
Orig.-Ausg. – Düsseldorf: ECON Taschenbuch Verlag, 1985.
(ETB); 20110: ECON Ratgeber)
ISBN 3-612-20110-7

Originalausgabe

© ECON Taschenbuch Verlag GmbH, Düsseldorf
November 1985
Umschlagentwurf: Ludwig Kaiser
Titelfoto: Krista Boll, Michael Fiala
Zeichnungen: Brigitte Braun
Satz: Computersatz Bonn GmbH, Bonn
Druck und Bindearbeiten: Ebner Ulm
Printed in Germany
ISBN 3-612-20110-7

# Inhaltsverzeichnis

**Einleitung** .................................... 9

**Allgemeiner Teil**

Was ist das eigentlich: Bienenwachs? ............... 11
   Wie sieht es im Bienenstock aus? ............... 15
   Wie produziert die Biene das Wachs? ............ 19
   Wie wird das Wachs verbaut? ................... 21

Wie wird das Wachs gewonnen? ..................... 23
   Wie wird das Wachs gereinigt? .................. 23
   Die Herstellung von Mittelwänden ............... 26

Weitere Verwendung von Bienenwachs ............... 27
   Gebrauch in der Körperpflege und Medizin ........ 27
   Kerze und Kirche .............................. 28
   Andere Industriezweige ........................ 30
   Bienenwachs als Holzschutzmittel ............... 30

Die besonderen Eigenschaften von Bienenwachs ...... 33

**Vorbereitung**

Wo kaufe ich das Wachs, und worauf muß ich
dabei achten? .................................... 36

Welche Hilfsmittel brauche ich? ................... 40

Wichtige Hinweise! ............................... 43
   Vorsichtsmaßnahmen ............................ 43
   Praktische Tips ............................... 44

Der Docht ........................................ 45

**Praktischer Teil**

Das Rollen von Kerzen aus Mittelwänden ........... 49
   Die einfache Kerze ........................ 50
   Die dicke Kerze .......................... 53
   Die gewendelte Kerze ...................... 55
   Die Zierkerze ............................ 58
   10 Beispiele ............................. 60

Kerzen gießen ................................ 80
   Der Arbeitsplatz .......................... 80
   Die Gußform ............................. 81
   Das Trennmittel .......................... 82
   Das Befestigen des Dochtes ................ 83
   Das Gießen .............................. 85
   Das Entnehmen aus der Gußform ........... 86
   Das Relief ............................... 88

Kerzen ziehen ................................ 90
   Der Wachsstock .......................... 92

Modellieren und verzieren ...................... 93
   Modellieren mit Bienenwachs ............... 94
   Modellieren mit Knetwachs ................. 97
   Das Verzieren ............................ 100

Bienenwachs färben ........................... 102
   Das Bleichen ............................. 103
   Das Färben .............................. 103
   Gießen einer Schichtkerze .................. 104
   Malen mit Bienenwachs ................... 105

Gestecke und Leuchter ........................ 106

Die Lagerung von Bienenwachs ................. 107

Zum Ausklang ............................... 109

## Anhang

Bezugsquellen .................................. 111

Sachregister .................................... 114

# Einleitung

Nachdem die Bienenwachskerze lange Jahre fast in Vergessenheit geraten war, erfreut sie sich heute wachsender Beliebtheit. Dieses Buch soll zur weiteren Verbreitung des Bastelns mit Bienenwachs beitragen. Mein Bemühen ist, das Thema so umfassend wie möglich zu behandeln, um dem Leser die Vielfalt und Bedeutung dieses einzigartigen Materials näherzubringen.
Archäologische Funde sowie alte Überlieferungen belegen eine jahrtausendealte Tradition und Verehrung dieses Erzeugnisses der Bienen. Bis ins Mittelalter diente es sogar als Zahlungsmittel. Höhere Beamte erhielten einen Teil ihres Gehalts damit ausgezahlt.
Die Kostbarkeit und Einzigartigkeit von Bienenwachs wird deutlich, wenn man sich vergegenwärtigt, wie die Bienen ihr Wachs erzeugen und verbauen. Ein Einblick in ihr Leben und Arbeiten hilft, einen engeren Bezug zu diesem Bastelmaterial aufzubauen.
Bei Kindern, die oft schon im Kindergarten oder in der Schule Bienenwachskerzen gerollt haben, wird dadurch ein tiefergehendes Interesse geweckt und Begeisterung sowie Ausdauer gefördert. Aus einer bloßen Beschäftigung wird ein Erlebnis.
Das Buch widerlegt ebenfalls ein altes Vorurteil, daß Bienenwachskerzen teuer seien und schlecht brennen würden. Bienenwachs ist für jeden Geldbeutel erschwinglich, wenn man weiß, wo das Wachs am günstigsten zu kaufen ist.
Eine intensive Auseinandersetzung mit seinen Eigenschaften sowie praktische Tips und Anleitungen helfen dem Bastler, die »Tücken« des Materials zu besiegen und qualitativ gute Bienenwachskerzen herzustellen.
Ich selbst habe jahrelange Erfahrung im Kerzenrollen. Die Beschäftigung mit anderen Verarbeitungsweisen, die ich für dieses Buch ausprobiert habe, hat mir das Material noch vertrauter gemacht. Die vielseitigen Verwendungsmöglichkeiten sind überraschend.
Neben dem Kerzenrollen werden das Gießen mit Bienenwachs, das Kerzenziehen, das Modellieren sowie weitere Möglichkeiten

ausführlich behandelt, und es wird jeweils auf das unterschiedliche Verhalten des Wachses eingegangen. Das Buch soll Anregungen geben und Mut machen, eigene Erfahrungen zu sammeln.

Nicht nur zur Weihnachtszeit, sondern das ganze Jahr über gibt es unzählige Gelegenheiten, eine solch außergewöhnliche Kerze anzuzünden. Zudem ist eine selbstgebastelte Bienenwachskerze immer ein wundervolles, persönliches Geschenk, das seinem Erschaffer Anerkennung und Bewunderung einbringt.

Man gewöhnt sich so an den unvergleichlichen Duft des Wachses, an das warme Licht der Kerze und an die Geschmeidigkeit des Materials, daß man das Basteln mit Bienenwachs nicht mehr missen möchte.

# Allgemeiner Teil

**Was ist das eigentlich: Bienenwachs?**

Zu Beginn möchte ich einen Einblick in die faszinierende Welt der Bienen geben, um die Einzigartigkeit und den Wert von Bienenwachs zu verdeutlichen.
Schon lange schätzt der Mensch das Haupterzeugnis der Bienen, den Honig. Eine Höhlenzeichnung in Spanien, deren Alter auf 7 000 v. Chr. datiert wird, zeigt einen Menschen beim Ausnehmen eines Bienennestes. Die Ägypter fertigten kunstvolle Figuren und Totenmasken aus Bienenwachs an, und Honig war eine beliebte Grabbeigabe. Die alten Griechen erfanden den Honigwein Met, den göttlichen Trank. Sie waren allerdings der Meinung, daß die Bienen neben Nektar und Pollen auch das Wachs direkt von den Blüten sammeln.
Im Laufe der Jahrhunderte machte sich der Mensch die Biene immer mehr zunutze, und seine Neugier über ihr Leben und Arbeiten stieg. Die ersten Erkenntnisse gewann man im Mittelalter, aber die Beobachtungsmöglichkeiten waren noch sehr beschränkt. 1851 machte der Amerikaner Langstroth eine entscheidende Entdeckung, die die Honigernte erheblich vereinfachte und die moderne Bienenzucht und -haltung einleitete (siehe Seite 18).
Es wird im allgemeinen vom *Bienenvolk* oder *Bienenstaat* gesprochen. Diese Bezeichnung ist eigentlich unzutreffend und wahr-

scheinlich darauf zurückzuführen, daß die erste Beschreibung der »Königin« 1586 im Zeitalter der Monarchien erfolgte. Das Zusammenleben ist vielmehr eine Ordnung ohne Herrschaft und entspricht eher der Anarchie als einem Staat unter der Herrschaft einer Königin. Es handelt sich um ein Miteinander und nicht – wie gerne dargestellt – um ein hierarchisches System. Man kann es als eine Art Körper oder Organismus verstehen, in dem jede Biene eine Aufgabe hat, und erst das Zusammenspiel garantiert das Überleben und den Wohlstand aller Bienen. Der altdeutsche Ausdruck »der Bien« statt »das Volk« ist eigentlich viel zutreffender.

Im Grunde gibt es auch nur eine Biene, die *Apis mellifica*. Erst die unterschiedliche Fütterung der Larve während der Brutzeit und die Zellgröße entscheiden darüber, welches der 3 Bienenwesen sich entwickelt.

Die *Königin* ist als einzige Biene im Stock biologisch dazu befähigt, Eier zu legen (bis 3 000 pro Tag). Die Bezeichnung »Mutter« käme ihrer Aufgabe am nächsten.

Der *Drohn* ist die größere männliche Biene und für die Befruchtung der Königin zuständig. Seine Stellung in der Zucht ist umstritten. Meist wird er als unnützer Fresser bezeichnet und seine Anzahl so gering wie möglich gehalten. Neuere Forschungen gehen davon aus, daß den Drohnen die Verantwortung für die »gute Stimmung« in der Gemeinschaft zukommt.

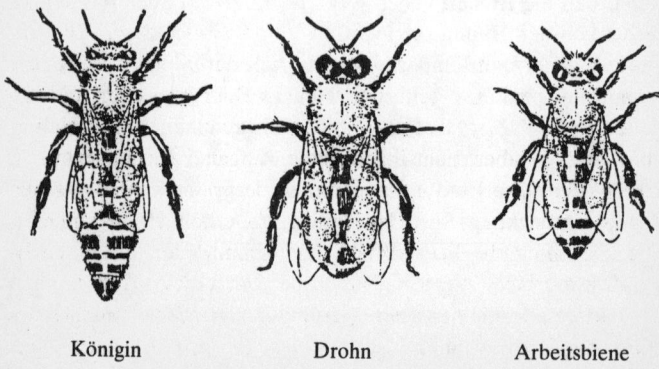

Königin        Drohn        Arbeitsbiene

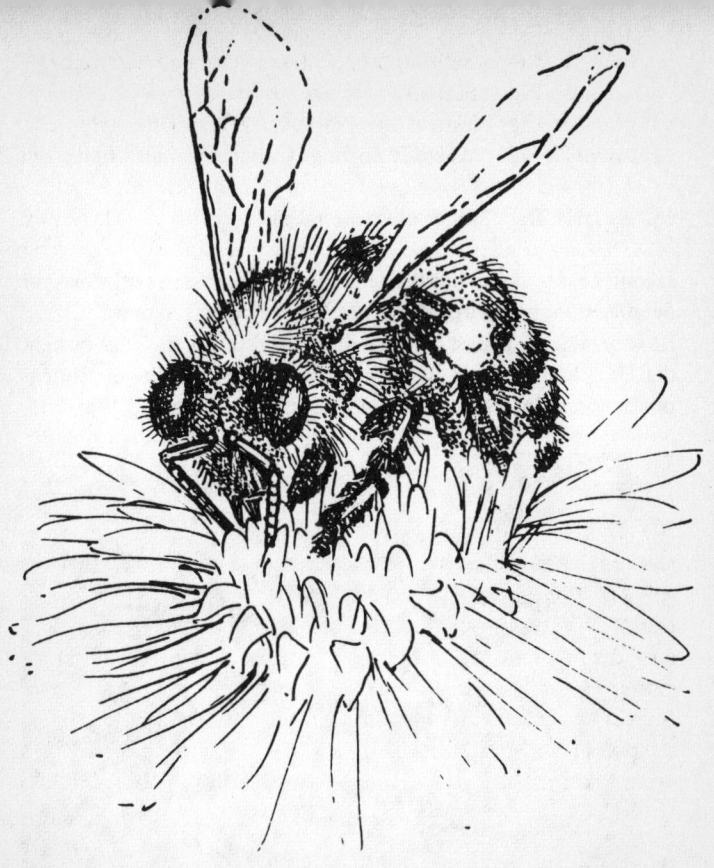

Den Hauptteil des Volkes bilden die *Arbeitsbienen*, alles unfruchtbare Töchter der Königin. Die Arbeiterin ist die Biene, die wir alle kennen. Sie fliegt von Blüte zu Blüte und sammelt den Pollen und den Nektar, um daraus Honig zu machen. Die Honigerzeugung ist aber nicht ihre einzige Aufgabe. Ihr Leben ist in verschiedene Abschnitte eingeteilt, in denen sie bestimmte, für das Wohlergehen des Volkes notwendige Arbeiten verrichtet. Die folgende Aufstellung gibt die durchschnittliche Lebenszeit einer Sommerbiene wieder. Die Einteilung der Aufgaben kann aber jederzeit durchbrochen werden, wenn es der Bedarf des Volkes verlangt.

| 1. und | 2. Tag: | Zellenputzen und Brutwärmen *(Putzbiene)* |
| 3. bis | 5. Tag: | Füttern der älteren Larven |
| 6. bis | 11. Tag: | Füttern der jüngsten Larven *(Ammenbiene)* |
| 12. bis | 17. Tag: | Wachserzeugung, Wabenbau, Futterumtragen *(Baubiene)* |
| 18. bis | 21. Tag | Fluglochwache *(Wehrbiene)* |

Damit ist der Innendienst beendet; die Stockbiene tritt den Außendienst an und wird *Flug- oder Sammelbiene* genannt.
Etwa vom 22. Lebenstag bis zu ihrem Tod (etwa 40. Tag) besteht die Hauptaufgabe aus Blütenbesuchen mit gleichzeitiger Blütenbestäubung. Sie sammelt Pollen, Nektar, Kittharz und Wasser.

Ein weiterer Irrtum ist die vielgerühmte Emsigkeit der Biene. Die Arbeitsbiene verbringt ungefähr 70 % ihres Lebens mit Kontrollgängen durch den Bienenstock. Sie schaut überall nach dem Rechten und kann dadurch, wenn eine Aufgabe unbesetzt oder »Not am Mann« ist, einspringen. Findet sie keine Arbeit, setzt sie sich ruhig in eine Ecke und wartet zuerst einmal ab.

# Wie sieht es im Bienenstock aus?

Früher wurden die Bienen in Körben gehalten, in denen sie wild bauten, das heißt, die Waben waren an den Korbwänden befestigt. Der Imker hatte keine Möglichkeit, direkt in das Geschehen einzugreifen und die Entwicklung seines Volkes zu beobachten.

Während der Honigernte stellte er durch das Gewicht des Korbes fest, welches Volk die größte Menge Honig gesammelt hatte. Die schwachen Völker wurden getötet und die mit Honig gefüllten Waben herausgeschnitten. Um den Honig starker Völker zu ernten, wurden die Bienen durch Schläge auf den Korb »abgetrommelt« und auf einen neuen Korb umgetrieben. Durch Vermehrung entstanden bald neue Völker. Dieses Ausleseverfahren garantierte das Überleben der gesündesten und kräftigsten Völker, die Voraussetzung für eine reiche Honigernte.

Wildgebaute Waben sind ganz zart und dünnwandig, so daß der Honig nicht herausgeschleudert werden kann. Sie werden entweder ausgepreßt oder als Wabenhonig verkauft. Das Foto links zeigt eine alte Honigpresse aus dem Jahr 1890. Diese Art der Bienenhaltung ist immer noch in der Heideimkerei üblich.

Im allgemeinen werden heute Holzkästen benutzt, *Zargen* genannt, in die Rähmchen gehängt werden, an denen die Bienen die Waben bauen. Das Foto oben zeigt ein Bienendorf aus selbstgebauten Zargen. Das Durcheinander ist beabsichtigt. Jeder Stock hat eine andere Einflugrichtung. Dadurch weiß jede Biene sofort, wo sie zu Hause ist.

Die Zargen lassen sich in beliebiger Zahl übereinandersetzen und ermöglichen so dem Imker, auf die Bedürfnisse des Volkes einzugehen und sie auch zu lenken. Er kann den Bienenstock öffnen, die einzelnen Rähmchen herausheben, dadurch die Entwicklung des Volkes genau beobachten und auch den Honig entnehmen, ohne die Bienen zu töten.

In diese Holzrähmchen wird eine Mittelwand eingespannt. Dies ist eine dünne Platte aus reinem Bienenwachs mit beidseitiger Vorgabe des Zellmusters. Die Zellen entsprechen der von den Bienen benötigten Größe und sind leicht herausgearbeitet. Die Wand besteht aus garantiert reinem Bienenwachs, da die Bienen kein gestrecktes Wachs oder anderes Material akzeptieren. Auch verleiht sie der Wabe (s. u.) eine größere Stabilität und ermöglicht so das Schleudern des Honigs. (Diese Mittelwände werden wir später zu den schönsten Kerzen verarbeiten.)

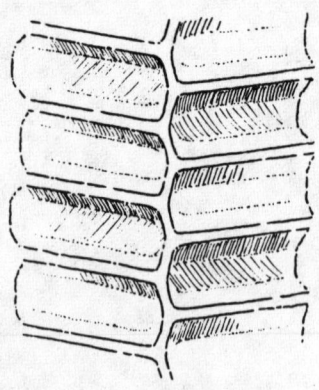

Querschnitt durch eine Wabe

Die Bienen benutzen die Wand als Vorlage und bauen der Prägung gemäß die einzelnen Zellen. Eine so bebaute Mittelwand ist eine *Wabe*. Der Abstand der Rähmchen zueinander bestimmt ihre Dicke. Und gerade dieser Abstand, der *Bienenabstand*, war die glorreiche Entdeckung, die Langstroth 1851 machte. Die Bienen respektieren ihn als Freiraum und befestigen ihre Waben nicht mehr an der Stockwand. Die beweglichen Rähmchen waren erfunden, und ein neues Bienenzeitalter konnte beginnen.

Die fertige Wabe wird nun von den Bienen nach einem bestimmten System in Brutzellen und Vorratszellen für Pollen und Honig aufgeteilt und entsprechend genutzt. Das Foto zeigt eine bebaute Mittelwand mit einem Wildanbau. Dieses Rähmchen hatte einen größeren Abstand, den die Bienen sofort für zusätzlichen Wabenbau ausnutzten.

Der Imker kann die gefüllten Rähmchen bequem herausnehmen, schleudern und entweder die entleerten Waben wieder hineinhängen oder sie samt Mittelwand herausschneiden. Dann hat er doppelte Ernte: Honig und Wachs. Von Zeit zu Zeit sollte die Wabe erneuert werden, um Krankheiten und Schädlingen vorzubeugen und die Bautätigkeit anzuregen.

**Wie produziert die Biene das Wachs?**

Die Wachsdrüsen der Biene liegen auf der Bauchseite des Hinterleibs. Sie sind paarweise an den letzten 4 Hinterleibsschuppen angeordnet. Der Vorgang heißt *Wachsschwitzen*. Dabei wird das Wachs in der Drüse erzeugt und durch den Wachsspiegel in die Bauchtasche ausgeschwitzt. Dort erstarrt es und bildet ein winziges, hauchdünnes, weißlich-durchsichtiges Plättchen.

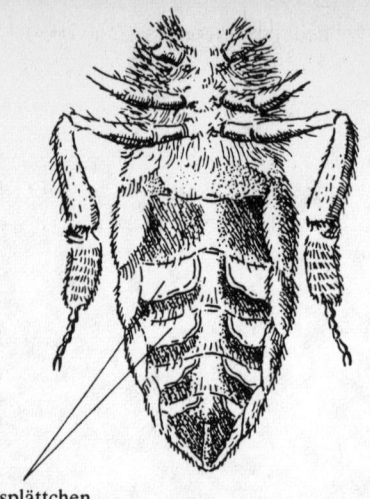
Wachsplättchen

Frisches Bienenwachs ist nicht gelb, sondern weiß! Die gelbliche Färbung tritt erst im Laufe der Zeit durch das Vermengen mit Pollenöl ein.
1 250 000 dieser Wachsschuppen ergeben ungefähr 1 Kilogramm, die Arbeit von Zehntausenden Bienen. Wahrlich, ein kostbares Material!
Dann nimmt die Biene das Plättchen mit ihrem Hinterbein aus der Bauchtasche und reicht es nach vorne zu ihrem Vorderkiefer. Durch Kauen wird das Wachs geschmeidig. Dabei fügt die Biene bereits etwas Pollenöl hinzu. Sie kann das Wachs selbst verbauen; meist reicht sie es jedoch an bauende Bienen weiter, die das Wachsbällchen nochmals durchkneten. Dieser gesamte Vorgang dauert etwa 4 Minuten.
Oft sitzen die wachsschwitzenden Bienen in einer Traube eng zusammen, um die nötige Temperatur von 33–36 °C zu erreichen. Es ist eine anstrengende Tätigkeit, für die sie viel Pollen und Honig verbrauchen.
Im Lebensrhythmus der Bienen ist die Wachsproduktion etwa zwischen dem 12. und 17. Lebenstag angelegt. In dieser Zeit sind die Wachsdrüsen am stärksten ausgebildet, und die Aufgabe der Biene besteht hauptsächlich aus der Wachserzeugung und dem

Wabenbau. Ist jedoch ein Mehrbedarf an Wachs vorhanden, z. B. in der Haupttrachtzeit Mai/Juni oder nach dem Schwärmen, können auch ältere Bienen ihre Wachsdrüsen nochmals aktivieren.

Wenn der 18. Tag oder das Ende der Bautätigkeit erreicht ist, bilden sich die Drüsen zurück. Darauf folgen 4 Tage Fluglochwache, und am 22. Tag ihres Lebens beginnt die Flugzeit, das Sammeln von Nektar und Pollen.

Pollenträgerin

**Wie wird das Wachs verbaut?**

Die durchgekneteten Wachsbällchen werden von der Baubiene zur Baustelle gebracht und dort angefügt. Oft kommt sofort eine andere Biene und reißt das Teilchen wieder ab, um es an anderer Stelle neu zu verbauen. So wird das Wachs mehrmals durchgekaut und dadurch geschmeidiger. Trotz dieses scheinbaren Chaos wird die Wabe schnell fertig. Um die nötige Temperatur zu erhalten, sind manche Bienen nur damit beschäftigt, mit ihren Flügeln die Luft zu erwärmen oder kühlere Luft zuzufächeln.

Der Naturwabenbau bietet die optimale Möglichkeit der Wachsgewinnung, da alles von Grund auf neu gebaut wird. Bei der heute üblichen Art der Imkerei jedoch wird nicht mehr allzuviel Wachs durch Wabenbau dazugewonnen. Die Mittelwände in den Rähmchen sind verhältnismäßig dick, so daß die Bienen zum Teil Wachs aus der Mittelwand zum Hochziehen der Zellen benutzen. Dadurch wird weniger frisch ausgeschwitztes Wachs benötigt; die Wabe ist von vornherein gelblicher. Wird sie öfter benutzt, besonders zum Brüten, verfärbt sie sich immer dunkler (siehe Foto auf Seite 19; die alte Wabe im Rähmchen und im Gegensatz dazu der helle, frische Naturbau).

Alte Zellen werden vor neuem Gebrauch »saubergemacht«. Diese Arbeit verrichtet die Jungbiene in den ersten beiden Tagen ihres Lebens. Sie kratzt die innere Wachsschicht der Zelle ganz fein ab. Das so erhaltene Wachs wird an anderer Stelle wieder verbaut.

Dann streicht sie die geputzte Zelle mit Pollenöl aus. Auf diese Weise wird die Wabe immer dünner und dunkler. Mit der Zeit sammeln sich außerdem Kot und Häute der verschiedenen Brutstadien – *Gespinst* genannt – in und auf der Wabe an. Das Gespinst der Verpuppung kann bis zu 50 % des Wabengewichts betragen. So wird sie etwa alle 3–4 Jahre vom Imker gegen eine neu auszubauende Mittelwand ausgetauscht.

Frisches Wachs wird heute zum größten Teil durch das Deckelwachs gewonnen. Ist eine Zelle mit Honig oder Pollen gefüllt, wird sie durch einen Wachsdeckel luftdicht verschlossen. Im Mai und Juni, der Haupttrachtzeit, wird so viel Honig produziert, daß viele Waben ausgebaut und dann verdeckelt werden müssen. In dieser Zeit wird viel neues Wachs ausgeschwitzt, obwohl auch auf extra angelegte Wachsvorräte zurückgegriffen werden kann. Eine verdeckelte Wabe hat eine geschlossene, unebene Wachsschicht auf beiden Seiten.

# Wie wird das Wachs gewonnen?

Wir haben jetzt gesehen, wie die Bienen die Wabe bauen, füllen und anschließend verdeckeln. Will nun der Imker den Honig ernten, muß er die verschlossenen Zellen öffnen. Das macht er mit einem Entdeckungsmesser, einer speziellen Gabel oder einem dafür konstruierten elektrischen Gerät. Sind alle Zellen entdeckelt, kann der Honig aus der Wabe herausgeschleudert werden. Das Deckelwachs stellt qualitativ ein sehr gutes Wachs dar, da es hauptsächlich neu produziert wurde und dadurch heller und weniger durch Schmutzteilchen verunreinigt ist. Frisch gekaut, hilft es auch bei *Schnupfen*, besonders bei *Heuschnupfen!*

## Wie wird das Wachs gereinigt?

Jetzt gilt es, das Wachs von Honig und Schmutz zu säubern, um geklärtes Bienenwachs für neue Mittelwände oder zu anderweitigem Verbrauch zu gewinnen.
Als erstes läßt man den noch am Wachs haftenden Honig auf einem Sieb abtropfen. Dann wird das Wachs eingeschmolzen und gereinigt; dazu gibt es verschiedene Verfahren und Geräte.
Ein *Sonnenwachsschmelzer* erzeugt mit Hilfe von Sonnenstrahlen die nötige Wärme, um das Wachs zu schmelzen, und filtert dann den Schmutz heraus. Ein *Dampfwachsschmelzer* funktioniert wie ein Dampfentsafter für Obst. Die verschiedenen Modelle der *Wachspressen* arbeiten mit Druck. Die *Wachsschleuder* benutzt die Fliehkraft, eine Methode, die sich wegen der hohen Investition nur für Großbetriebe oder für die maschinelle Herstellung von Mittelwänden eignet.
Die einfachste und billigste Möglichkeit ist das Reinigen des Wachses in kochendem Wasser. Dies mag auch für den einen oder anderen Leser interessant sein, weil man auf diese Weise alte Bienenwachskerzenreste und heruntergelaufenes, verunreinigtes Wachs einschmelzen und reinigen kann, um es zum Kneten oder Gießen wieder zu verwenden. So wird kein Tropfen des kostbaren Materials verschwendet. Vielleicht hat auch jemand das Glück und bekommt alte Waben von einem Imker billig zu kaufen oder gar geschenkt.

Für die Reinigung zerkleinert man das Wachs und gibt es in einen entsprechend großen Topf (nicht verzinkt oder aus Eisen!), der reichlich mit Wasser gefüllt ist. Den Topf nicht zu klein wählen wegen eventueller Wachsspritzer! Das Wasser darf nicht zu kalkhaltig sein, sonst bildet sich ein weißlicher Überzug. Entweder benutzt man Regenwasser oder fügt etwas Essig bei.
Bienenwachs ist aufgrund seiner chemischen Struktur nur in wenigen Substanzen löslich. Es ist leichter als Wasser und schwimmt immer oben.
Nun bringt man das Wasser zum Sieden. Dabei schmilzt das Wachs und bildet eine glatte, zusammenhängende Schicht auf dem Wasser.
Verunreinigtes Bienenwachs hat einen höchst unangenehmen Geruch. Der Resthonig und die Schmutzteilchen lösen sich. Schwere Teilchen, z. B. die Gespinste aus den Brutzellen oder Dochtenden aus Kerzenresten, sinken nach unten in das Wasser; leichte Verunreinigungen schwimmen auf der Wachsoberfläche und können abgeschöpft werden. Auch Honig ist schwerer als Bienenwachs und geht ins Wasser über.
Das Wachs mischt sich nur zu einem ganz geringen Prozentsatz mit Honig, sonst könnten ihn die Bienen ja nicht in den Waben lagern. Interessenhalber kann man Wachs schmelzen und Honig einrühren. Sobald das Wachs erkaltet ist, wird man feststellen, daß sich fast die gesamte Honigmenge unter dem Wachsblock gesammelt hat. Daran sehen wir, daß der Ausdruck »Honigkerze« falsch ist und aus Unkenntnis der Zusammenhänge benutzt wird. Der typische Bienenwachsduft entsteht durch das untergemischte Pollenöl.

> Beim Erhitzen des Wassers ist darauf zu achten, daß es *nicht* zu sprudelnd kocht. Der aufsteigende Wasserdampf will mit zuviel Druck entweichen und schleudert dabei das Wachs *explosionsartig* aus dem Topf!

Durch zu starkes und langes Kochen wird Bienenwachs in seiner Struktur zerstört. Es wird unansehnlich grau und außerdem krümelig.

Will man nur sehr wenig und kaum verschmutztes Wachs einschmelzen, z. B. Kerzenreste, genügt eine Konservendose, in der man das Wachs im Wasserbad verflüssigt und dann durch ein Tuch gibt. Das Schmelzen mit Wasser oder im Wasserbad ist wichtig, damit das Wachs nicht über 100 °C erhitzt werden kann und nicht die Gefahr des Entzündens besteht (s. Seite 43 f.).

Ist das Wachs nur *leicht verschmutzt*, kann man es im Topf langsam abkühlen lassen, vorausgesetzt, die Form des Topfes läßt das spätere Herausnehmen des Wachsblocks zu. Durch das langsame Erkalten entstehen keine Risse, und der Schmutz, der nicht ins Wasser übergegangen ist, sinkt im Block nach unten und kann nach dem Erhärten am Boden abgekratzt werden.

Ist das Wachs *stark verschmutzt*, schöpft man das flüssige Wachs je nach Menge mit einer Kelle ab und filtert es durch ein feines Tuch. Dieser Vorgang wird so oft wiederholt, bis das Wachs seine goldene Farbe und den typischen Geruch nach Bienenwachs zurückerhalten hat.

Wird das gereinigte Wachs nicht sofort weiterverarbeitet, empfiehlt sich das Gießen von Blöcken in konischen Gefäßen, z. B. Eimern oder Plastikschüsseln. Das Schrumpfen des Wachses beim Erkalten reicht aus, den Block von der Gefäßwand zu lösen; die konische Form erleichtert das Entnehmen.

Müssen große Mengen Wachs gereinigt werden, z. B. in einem Betrieb, der Mittelwände produziert, bietet sich die *Wachsschleuder* an. Sie arbeitet nach dem gleichen Prinzip wie eine Wäscheschleuder.

Zuerst werden die Waben in einem großen Kessel geschmolzen. Aus der schwarzen, stinkenden Brühe werden die Drähte, die zum Einspannen der Mittelwände in die Rähmchen verwandt wurden, herausgefischt. Daraufhin wird das flüssige Wachs abgeschöpft und in den Schleuderkorb, der aus einem ganz feinen Sieb besteht, gegossen.

Die Zentrifugalkraft preßt das flüssige Wachs durch das Sieb; die Schmutzteilchen bleiben darin hängen. Das geklärte Wachs läuft an der Innenwand der Schleuder herab, sammelt sich am Boden und wird in Behälter abgelassen. Die schwarze Brühe hat sich in goldgelbes, herrlich duftendes Bienenwachs verwandelt.

Das gereinigte Wachs wird zum Erstarren in große Wannen abgefüllt. Diese großen Wachsblöcke sind leichter lagerbar, weil sie platzsparend und auch nicht so anfällig für Wachsschädlinge sind, wie z. B. für die gefräßige Wachsmotte. Das Bienenwachs kann bei Bedarf jederzeit eingeschmolzen und weiterverarbeitet werden.

**Die Herstellung von Mittelwänden**

Die meisten Imker, die selbst Wachs gewinnen, besitzen eine Gußform für Mittelwände, die es in verschiedenen Ausfertigungen gibt. Die gegossenen Mittelwände eignen sich aber nicht zum Kerzenrollen, da sie bei niedrigen Temperaturen brechen, meistens verhältnismäßig dick und nicht elastisch genug sind.
Für die Kerzenherstellung benötigt man gewalzte Mittelwände, die in der Regel nur in großen Betrieben, im Fachhandel oder in Bastelgeschäften erhältlich sind. Diese Mittelwände haben eine Dicke von etwa 1 mm. Das Bienenwachs wird durch das Walzen elastisch und damit biegsam. Zusätzlich wird es für Temperaturschwankungen unempfindlicher.
Zuerst wird mit einer Vorwalze ohne Prägung ein etwa 45 cm breites und einen knappen ½ cm dickes, glattes Wachsband hergestellt. Der Arbeitsraum ist warm, damit das Wachs immer geschmeidig bleibt. Auch die Bienen benötigen eine Temperatur von über 30 °C, um ihr Wachs zu formen und zu verarbeiten.
Die Walzen werden ständig mit einem erwärmten Lösemittel überspült. Das hält die Maschinen warm und verhindert ein Festkleben des Wachses an den Walzen. Das Band wird in großen, losen Rollen, die noch gut zu handhaben sind, aufgewickelt und bis zur Weiterverarbeitung gestapelt.
Im 2. Arbeitsgang wird das Zellmuster eingeprägt. Dafür gibt es eine große Maschine mit mehreren Funktionen, die die verschiedenen Schritte nacheinander ausführt. Das glatte Wachsband wird wieder erwärmt und durchläuft Vorwalzen, deren Abstände geringer eingestellt sind, um die Dicke von 1 mm in der fertigen Mittelwand zu erreichen. Die letzte Walze ist die Prägewalze, die die Zellstruktur in beide Seiten des Wachsbandes drückt. Auch diese Walzen werden ständig mit einem erwärmten Lösemittel überspült.

Das geprägte Wachsband wird weiter zu den verstellbaren Messern transportiert, die es in die verschiedenen Mittelwandformate zuschneiden. Die fertigen Blätter werden zu 1- oder 2-Kilo-Paketen abgewogen, in Lichtschutzpapier verpackt und warten auf ihren Käufer – den Imker oder den Kerzenbastler.

## Weitere Verwendung von Bienenwachs

Das Bienenwachs wird aber nicht nur von Imkern benötigt und von Kerzenbastlern geschätzt, auch die Industrie verwendet Bienenwachs für eine ganze Reihe von Produkten. Obwohl der Wachsverbrauch in der Vergangenheit sehr viel höher lag und das Erzeugnis der Bienen erst durch die fortschreitende chemische Entwicklung vom Markt verdrängt wurde, kann der Wachsbedarf in der Bundesrepublik Deutschland nicht aus eigener Produktion gedeckt werden. So wird Bienenwachs aus Asien, Afrika und Südamerika zusätzlich eingeführt. In Afrika z. B. dient die Bienenhaltung mehr der Wachsgewinnung für den Export als dem Honigertrag.

### Gebrauch in der Körperpflege und Medizin

Ein Hauptabnehmer für Bienenwachs ist die Kosmetikindustrie. Hier bildet gebleichtes Bienenwachs häufig die Grundlage für Hautcremes und Pomaden. In den Rezepten für Lippenstift ist es ebenfalls enthalten. In den Emulsionen wirkt es sich positiv auf die von anderen Fetten abgespaltenen, schädlichen Fettsäuren aus. Bienenwachs dringt in die Haut ein, macht sie geschmeidig und schützt sie. Schon im Altertum schätzte man Bienenwachsseife.
Auch in der Arzneimittelindustrie kommt gebleichtes Bienenwachs als Salbengrundlage vor. In der Zahntechnik wird es für Abdrücke und Abgüsse bei Zahnprothesen verwendet.
Die Anthroposophen sehen im Bienenwachs sogar eine therapeutische Wirkung und setzen es deshalb viel in der Behindertenarbeit ein. Die Heilwirkung von frischem Deckelwachs bei Heuschnupfen habe ich bereits erwähnt. Es gibt aber auch ein altes

Rezept für eine Bienenwachsauflage gegen starken Hustenreiz bei Keuchhusten, Bronchitis oder Asthma. Diese Auflage ist auch für Kleinkinder geeignet.
50 g Bienenwachs werden im Wasserbad flüssig gemacht. In das flüssige Wachs taucht man 2 kleine Leinentücher, die jeweils auf Rücken und Brust gelegt werden; aber natürlich nicht zu heiß! Die Auflagetücher werden mit Hilfe eines Wollschals fest an den Körper gedrückt und warm gehalten, da das Wachs möglichst während der ganzen Nacht warm und geschmeidig bleiben soll. So wirkt es wohltuend und stillt den Husten.

**Kerze und Kirche**

Natürlich verwendet die Kerzenindustrie einen Großteil der Wachsimporte. Doch ist dort der Verbrauch im Gegensatz zu früher stark zurückgegangen. Durch Preisanstieg sank die Konkurrenzfähigkeit der Bienenwachskerze gegenüber den billigeren Stearinkerzen. Dadurch ging die Nachfrage nach Kerzen mit Bienenwachsanteilen ebenfalls zurück. Heute kommen viele dieser Kerzen aus Billigländern, wie Korea. Auch in der katholischen Kirche hat sich kostensparendes Denken gegenüber alten Traditionen durchgesetzt.
Die Bienenwachskerze galt schon im Mittelalter als etwas besonders Wertvolles und wurde meist für religiöse Zwecke verwendet. Im Alltag brannte man eher Öllampen und die billigeren Talgkerzen. Es wird sogar angenommen, daß die Kerze erst mit der Einführung der christlichen Bräuche erfunden wurde. Die Kirchen und Klöster hatten einen großen Bedarf an Bienenwachs und ließen sich deshalb ihre Steuern zum Teil damit bezahlen.
Die Kerze wurde verehrt und folglich auch der Rohstoff. Das wird in der Segnung der Osterkerze am Abend des Karsamstags deutlich.
Mariä Lichtmeß am 2. Februar ist das Fest der Kerzenweihe. An diesem Tag wurden das Wachs und die Kerzen geweiht, die das ganze Jahr über für die verschiedensten Gelegenheiten gebraucht wurden. Der Lichtmeßkerze wurden große Kräfte zugeschrieben. Sie diente als Opfer-, Bitt- und Sterbekerze. Im Mittelalter dichteten ihr die Menschen gar übernatürliche Fähigkeiten an und

benutzten sie oft in dem Aberglauben, Hungersnot, Pest und anderes Unheil abwehren zu können. So sollte sie bei Gewitter aus dem Fenster gehalten werden, um Haus und Hof vor Schaden zu bewahren.

An dem Festtag trugen die Gläubigen geweihte Wachsstöcke, die während der Messe abgebrannt wurden. Ein Wachsstock ist ein langer Baumwollfaden, der mit einem dünnen Wachsmantel umgeben ist, teilweise auch eingefärbt, und in bestimmten Formen aufgewickelt wird, z. B. als Buch, als Bienenkorb oder als Krone, die dem jeweiligen Träger Glück bringen sollten. Ein Wachsstock aus Bienenwachs ist ebenfalls auf dem Buchumschlag abgebildet.

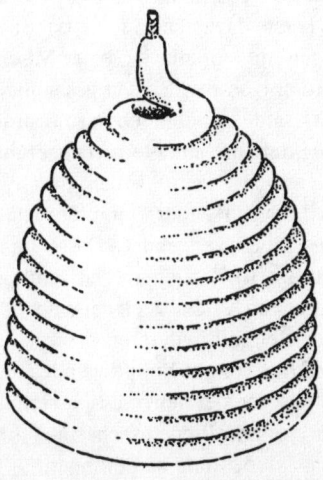

So erklärt sich auch der Brauch, daß noch lange Zeit wenigstens die Altarkerzen Bienenwachsanteile enthalten mußten. Dieses Gebot ist heute in Deutschland aufgehoben. Nicht so in den USA, wo sie immer noch mindestens zur Hälfte aus Bienenwachs bestehen.

In Süddeutschland, wo die katholische Kirche stärkeren Einfluß hat, haben sich die alten Bräuche länger erhalten. Dort werden in vielen Klöstern Bienenwachskerzen in alter Tradition hergestellt, die geweiht den Heiligen gespendet oder als Andenken an eine Urlaubsreise mitgebracht werden.

## Andere Industriezweige

Aufgrund seiner vielfältigen Eigenschaften wird Bienenwachs in kleineren Mengen auch in anderen Industriezweigen verwendet.
Wegen der hohen Abformgenauigkeit wird es gerne in der Kunst und in den großen Gießereien zum Anfertigen einer Gußform und für Präzisionsgüsse benutzt.
Die Nahrungsmittelindustrie gebraucht es für die Süßwarenfabrikation, z. B. als Bindemittel in Kaugummis oder als Trennmittel bei der Herstellung von Gummibärchen. Bienenwachs ist ungiftig und beeinträchtigt den Geschmack nicht.
In Farben und Lacken übernahm das Wachs früher die Funktion des Bindemittels (siehe dazu auch Seite 105). So sind die berühmten Stradivarigeigen mit »Goldlack«, einer Mischung aus Bienenwachs, Kittharz (eine von den Bienen gesammelte zähe, antibiotische Flüssigkeit) und Leinöl überzogen worden, auf den der wunderbare Klang der Instrumente zurückgeführt wird.
Heute wird Bienenwachs, wenn es nicht durch synthetische Produkte ersetzt wird, wegen seiner Dampfdurchlässigkeit und dem matten Glanz in Farben verwendet. Die Firma Stockmar stellt Wachsmalkreiden mit 10 % Bienenwachs und ungiftigen Farben her, die deshalb gut für Kinder geeignet sind.
Polituren, Pflegemittel und Ledercremes enthalten ebenfalls Bienenwachsanteile. Hier kommt die pflegende und schützende Eigenschaft zur Geltung. In der neuen Diskussion über Umweltgifte im Wohnbereich beginnt Bienenwachs in Verbindung mit der Holzbehandlung an Bedeutung zu gewinnen.

## Bienenwachs als Holzschutzmittel

Schon Anfang der 70er Jahre, als die ersten Vermutungen über schädliche Wirkungen unserer »chemisierten« Umwelt auftraten, begann eine kleine Gruppe von Wissenschaftlern nach Alternativen zu forschen. Sie knüpften dabei an althergebrachte Verfahren an, die vor der großen Industrialisierung im Wohn- und Baubereich verwendet wurden. Daraus entstand eine neue Wissenschaft, die Baubiologie, die sich mit mehr menschengerechter und wohngesunder Bauweise beschäftigt und heute bei der Diskussion

um Formaldehyd in Kunststoffen und Dioxin in Holzschutzmitteln endlich die ihr zukommende breite Aufmerksamkeit erhält.
Die schützende, pflegende und konservierende Wirkung von Bienenwachs war schon im Altertum bekannt und wurde in verschiedenen Bereichen, aber besonders bei der Holzbehandlung, eingesetzt. So wurden Holzgeräte in flüssiges Bienenwachs gelegt, so daß sich die Poren vollsaugen konnten. Anschließend wurden die Werkzeuge poliert. Auch Holzkunstwerke erhielten einen Bienenwachsüberzug und sind über Jahrhunderte unversehrt geblieben. Sie bezaubern heute noch durch ihren matten Glanz.
Noch bis in die Mitte unseres Jahrhunderts war Bienenwachsbalsam in jeder Tischlerei bekannt. Doch verdrängte die fortschreitende Industrialisierung durch die billige Herstellung von synthetischen Wachsen und anderen Produkten Bienenwachs vom Markt und aus dem Gedächtnis der Menschen.
Die alten Rezepte waren aber für die Entwicklung von neuen Bienenwachspräparaten nur bedingt brauchbar, da sich die Ansprüche in der Anwendungsweise gewandelt haben. Ebenso mußten die Produkte konkurrenzfähig mit den herkömmlichen, chemischen Mitteln sein. Nach umfangreichen Versuchen und langwierigen Testreihen gelang es, entsprechende Präparate auf Bienenwachsbasis für pflegende und schützende Holzbehandlung zu entwickeln.
Bienenwachs pur erwies sich als unpraktisch in der Anwendung. Das Wachs mußte verflüssigt und die zu behandelnde Fläche erwärmt werden; trotzdem blieb ein schmieriger Film auf der Oberfläche zurück. So mußten andere Stoffe beigemischt werden.
Um baubiologischen Ansprüchen zu genügen und gesundes Wohnklima zu garantieren, reicht die Ungiftigkeit eines Rohstoffes aber nicht aus. Alle in der Komposition verwendeten Bestandteile müssen gesundheitlich unbedenklich sein und miteinander harmonieren. Deshalb sind in Bienenwachspräparaten natürliche Öle als Lösungsmittel enthalten: Terpentinöl, Leinöl, Leinölfirnis, Holzöl oder Holzöl-Standöl. Karnaubawachs und Ozokerit, ein Mineralwachs, sind auch natürliche, aber härtere Wachse und werden bei eventuell erforderlicher Härtung zugefügt. Bienenwachsbalsam ist somit ein rundum ungefährliches, ja sogar

positiv beeinflussendes Mittel, das hoffentlich immer stärker in unsere Wohnräume zurückkehrt.

Der gesundheitliche Aspekt bei der Holzbehandlung mit Bienenwachs ist zwar der wichtigste, aber keineswegs der einzige. Es verschließt die offenen Poren des rohen Holzes und bildet eine glatte, einheitliche Oberfläche, die aber weiterhin atmungsfähig und dampfdurchlässig bleibt. Die Wasserdampfaufnahme und -abgabe von Holz wird nicht beeinträchtigt, das Eindringen von Feuchtigkeit trotzdem behindert. Das wirkt sich positiv auf die Raumluft und Luftfeuchtigkeit aus und ermöglicht auch die Anwendung in Bad und Küche. Gleichzeitig verhindert es Rißbildung und schützt gegen Befall von Holzschädlingen und Pilzen. Es lädt sich nicht elektrostatisch auf, d. h., mit Bienenwachs behandeltes Holz zieht den Staub nicht an. Man kann es sogar für Kunststoffoberflächen benutzen, um diese antistatisch auszurichten!

Zu all diesen Vorteilen kommt noch die optische Wirkung. Bienenwachs unterstützt die holzeigene Farbe und Struktur und verleiht der Holzoberfläche nach dem Polieren einen dezenten, matten Glanz. Ebenso behält das Holz den eigenen Geruch oder duftet ganz leicht nach Bienenwachs.

Grob gesagt, gibt es 4 verschiedene Arten von Präparaten, dem jeweiligen Anwendungsgebiet entsprechend:

- *Fußbodenhartwachs:* für Holzfußböden und zur Linoleumbehandlung, tritt- und rutschfest, ermöglicht an stark beanspruchten Stellen problemlose Nachbehandlung.
- *Bienenwachsbalsam:* Behandlung großer Flächen, wie Vertäfelung, Wände und Decken; streichfähig.
- *Bienenharzsalbe:* zur Einreibung von Möbeln, mit Anteilen von Kittharz und Lärchenbalsam.
- *Flüssigwachs:* Reinigungs- und Pflegemittel für Holzoberflächen und andere gewachste Flächen.

Bienenwachs ist nur für die Anwendung im Innenbereich geeignet.

Da sich das Bewußtsein der Verbraucher langsam wandelt, hat sich der Markt für baubiologisch wertvolle Produkte vergrößert. Mittlerweile gibt es bereits ein vielseitiges Angebot. Und die Tendenz ist weiter steigend.

Auch einem Preisvergleich halten diese Produkte stand. Bienenwachspräparate werden nur sparsam verwendet und sind daher sehr ergiebig. Bei herkömmlichen Holzschutzmitteln und Fußbodenversiegelungen sind oft 2–3 Anstriche notwendig, ganz abgesehen von den Kosten einer möglichen Behandlung von gesundheitlichen Schädigungen sowie Spätfolgen. Die Gesundheit aber ist unbezahlbar! Produkte unter baubiologischen Gesichtspunkten entwickelt sind nicht nur in ihrer Verarbeitung ungefährlich, sondern sie beeinflussen auch unser Wohlbefinden positiv.

## Die besonderen Eigenschaften von Bienenwachs

Den allgemeinen Teil möchte ich mit einem Überblick über die spezifischen Eigenschaften von Bienenwachs und einer Kurzbeschreibung anderer gebräuchlicher Wachsarten abschließen. Im weiteren Verlauf des Buches, wenn es um das praktische Arbeiten mit diesem Erzeugnis der Bienen geht, wird immer wieder die Rede von diesem Kapitel sein. Wer die hier aufgeführten Besonderheiten beim Basteln berücksichtigt, wird dieses einzigartige Material schätzen, lieben und seine Tücken besiegen lernen.

Wie wir gesehen haben, ist Bienenwachs ein vollständiges Naturprodukt, das ohne chemische Zusätze gereinigt und zu Mittelwänden verarbeitet wird. Es ist *ungiftig* und ideal zum Basteln für Kinder.

Bei *Temperaturen über 30 °C* wird es *geschmeidig* und damit *formbar*. Es ist die gleiche Temperatur, die beim Wabenbau im Bienenstock herrscht.

Bei Erwärmung gibt das Wachs seinen unvergleichlichen Duft frei, der durch das von den Bienen produzierte und beigefügte Pollenöl entsteht. Je wärmer das Wachs wird, desto intensiver wird der Duft. Bei Kälte ist er kaum wahrnehmbar. Gebleichtes Bienenwachs verliert diesen Geruch.

Die gelbliche bis dunkelbräunliche Farbe wird ebenfalls durch das Pollenöl hervorgerufen. Das erklärt die unterschiedliche Färbung, da die Farbe das Pollenöls von der jeweiligen Tracht abhängig ist. Sammeln die Bienen im Klee, ist das Pollenöl dunkel, und so wird auch das Wachs dunkel eingefärbt.

Diese natürliche Färbung ist wie viele Farben aus dem Pflanzenbereich *nicht lichtecht*. Das Wachs bleicht bei langer oder zu intensiver Lichteinwirkung aus. Die Färbung verblaßt ganz langsam, bis das Wachs ganz weiß ist.

Bienenwachs verändert seinen Zustand bei unterschiedlichen Temperaturen sehr stark. Es zählt zu den weichen Wachssorten, und sein *Schmelzpunkt* liegt bei *(64/65 °C*; bei *180 °C* beginnt es zu *kochen*.

Bei *Kälte* wird das Wachs dagegen immer *härter* und *spröder*. Dann bricht es leicht und bekommt bei unsanfter Handhabung weiße Flecke an den Stoßstellen, die auch im warmen Zustand nicht verschwinden.

Als ganz besondere Eigenschaft bleibt noch die *Wachsblüte* zu erwähnen. Sie kann sich als leichter, weißlicher Überzug auf gegossenen und gezogenen Kerzen zeigen, seltener auf den gewalzten Mittelwänden. Das Aussehen erinnert etwas an Mehltau oder auch Schimmel, ist aber ein ungefährliches, physikalisches Ereignis, dessen Gründe noch nicht genau erforscht sind. Der Schmelzpunkt der Wachsblüte liegt bei 39 °C, und so kann der Überzug durch leichte Erwärmung oder Abreiben beseitigt werden. Trotzdem ist es wahrscheinlich, daß das Wachs erneut ausblüht. Eine möglichst niedrige Gießtemperatur soll die beste Schutzmaßnahme sein. Auf der anderen Seite kann es einer Kerze auch eine Art Patina verleihen, die sie interessant aussehen läßt und eine gegossene Verzierung stärker zur Geltung bringt. Die Wachsblüte ist für reines Bienenwachs charakteristisch.

Dies sind die Eigenschaften, die auf reines und auch gut gereinigtes Bienenwachs zutreffen müssen. Die *Sauberkeit des Wachses* ist eine grundlegende Bedingung für gutes Brennen einer Kerze und den wohlriechenden Duft.

Zum Vergleich seien kurz einige andere Wachsarten beschrieben. Es gibt z. B. in Indien eine Riesenhonigbiene, deren Wachs andere chemische und physikalische Eigenschaften besitzt und deshalb nicht als Bienenwachs bezeichnet wird. Sein Name ist *Gheddawachs*, und der Schmelzpunkt liegt bei 80 °C. *Hummelwachs* schmilzt bei über 70 °C.

Das im Zusammenhang mit Bienenwachspräparaten erwähnte *Karnaubawachs* ist ein pflanzliches Hartwachs mit einem

Schmelzpunkt von ebenfalls über 80 °C. Es wird aus den Schuppen der Blattoberfläche einer Palme aus Brasilien gewonnen, dient zum Härten von Wachsmischungen und hat von sich aus, ohne Polieren, einen intensiven Glanz. Obst wird ebenso wie das Auto mit Karnauba gewachst.

*Japanwachs* wird aus den Früchten eines ostasiatischen Baumes gepreßt. Es ist ein weicheres Wachs als Bienenwachs und schmilzt bei 53 °C. Dieses Wachs wird häufig für baubiologisch wertvolle Produkte verwendet und hat bereits in Japan als Imprägniermittel in der Küstenfischerei und in der japanischen Wachsmalerei sowie Batiktechnik eine jahrhundertealte Tradition.

*Ozokerit* ist der mineralische Rohstoff, aus dem Zeresinwachs – weißes, geruchloses, gereinigtes Erdwachs – gewonnen wird. Österreich und Utah, ein Staat der USA, sind die einzigen Abbaugebiete für Ozokerit.

*Paraffin* ist ebenfalls ein natürliches Wachs und wird aus Erdöl destilliert. Der physikalische Zustand bestimmt den Schmelzpunkt. Er variiert von 40–105 °C bei Hartparaffin.

*Stearin* kann man dagegen nicht als ein direktes natürliches Wachs bezeichnen. Der Grundstoff entstammt zwar der Natur, wird aber erst durch chemische Vorgänge in den Wachszustand überführt; für die Industrie ein bequemes und lohnendes Verfahren. Der Schmelzpunkt liegt zwischen 46 und 52 °C, also niedriger als bei Bienenwachs. Für Kerzen wird Stearin mit anderen härteren Wachsen, u. a. Paraffin, abgemischt.

Wir werden uns jetzt mit unserem theoretischen Grundwissen der Praxis zuwenden und die erforderlichen Vorbereitungen zur Herstellung von Bienenwachskerzen treffen.

# Vorbereitung

**Wo kaufe ich das Wachs,
und worauf muß ich dabei achten?**

Die erste Frage, die sich stellt, ist: Woher bekomme ich das Bienenwachs? Bastelgeschäfte und viele große Kaufhäuser führen das ganze Jahr über Wachs, wie es zur Fertigung und Verzierung von Kerzen gebraucht wird. Zur Weihnachtszeit, der Hauptsaison für Wachsbastelei, erhält man es auch oft in Drogerien und Spielzeugläden. Mehrere Firmen bieten von Gießwachs über Wachsblöcke, Wachsfolien, Knetwachs, Farbpigmente bis zu Gußformen und Dochten alles für das Arbeiten mit Wachs an – allerdings handelt es sich dabei meistens um Stearinmischungen. Seltener sind im Sortiment Bienenwachsplatten (auch Wabenplatten genannt) zum Kerzenrollen oder Bienenwachsgranulat zum Gießen zu erhalten. Die Produkte sind in kleinen Mengen anreizend verpackt, dafür aber auch sehr teuer.
Oft kostet dann eine Bienenwachskerze aus einer Platte 2,60 DM plus 0,50 DM für den Docht. Wen wundert es da, daß viele meinen, Bienenwachskerzen wären Luxus, und sich das angenehme Arbeiten und den herrlichen Duft der brennenden Kerze versagen. Ich würde dem zustimmen, wenn es nicht auch andere Wege gäbe, billiger an Bienenwachs heranzukommen.
Die maschinell gewalzten Mittelwände für die Imkerei eignen sich ebensogut zum Kerzenrollen und sind garantiert aus reinem Bie-

nenwachs gefertigt. Man erhält sie im Fachhandel für Imkereibedarf und dazu noch in verschiedenen Formaten!
Von den modernen Holzzargen, die in der Imkerei verwendet werden, gibt es verschiedene Modelle, die alle eine andere Mittelwandgröße benötigen. Der Fachhandel hat die 4 gängigsten Formate immer auf Lager und zusätzlich andere Maße, die regional unterschiedlich sind. Zur Weihnachtszeit werden meistens außerdem noch Kerzenformate geführt. Direkt beim Mittelwandproduzenten ist die Auswahl natürlich am größten. Doch kann auch im Fachhandel eine andere Formatgröße bestellt werden, wenn der beliefernde Mittelwandfabrikant diese herstellt. Vielleicht ist es am günstigsten, sich vorher telefonisch zu erkundigen. Die häufigsten Imkermaße sind:

|              | Höhe × Länge in cm |
|--------------|--------------------|
| Normalmaß    | 20   × 35          |
| Freudenstein | 18   × 32          |
| Gerstung     | 23,5 × 39          |
| Kuntzsch     | 23   × 31          |
| Zander       | 19,5 × 39          |
| Dadant       | 26,5 × 42          |
| Langstroth   | 20   × 42          |

Das Normalmaß wird am meisten produziert und entspricht auch der Wabenplattengröße, die in den Bastelsets angeboten wird.
Herr Müller, mit dessen Produkten ich immer sehr zufrieden bin, stellt viele verschiedene Mittelwandformate her. Ich will nur die auflisten, mit denen ich bisher gearbeitet habe. Es gibt aber noch etliche mehr (Höhe × Länge in cm):

$$
\begin{array}{rl}
20 & \times\ 35 \\
10 & \times\ 35 \\
20 & \times\ 57 \\
12{,}5 & \times\ 57 \\
6 & \times\ 57
\end{array}
$$

Eine Mittelwand vom Normalmaß ergibt 1 Kerze von 20 cm Höhe und etwa 2,5–3,0 cm Durchmesser. Ich nenne sie *Haushaltskerze* (a). Dieses Format sowie die Größe 20 x 57 cm (c) eignen sich gut für dicke Kerzen. Das 2. Maß ist halb so hoch – die *Adventskerze* (b), es ist schön handlich für kleine Kinder. 2 Platten von der 4. Größe verrollt ergeben die *klassische Bienenwachskerze* (d), die auch gut für Verzierungen geeignet ist. Das letzte Maß ist halb so hoch – *ein Stumpen* (e), hier sind ebenfalls 2 Platten verrollt. Natürlich kann sich jeder aus den Mittelwänden noch eigene Formate zurechtschneiden.

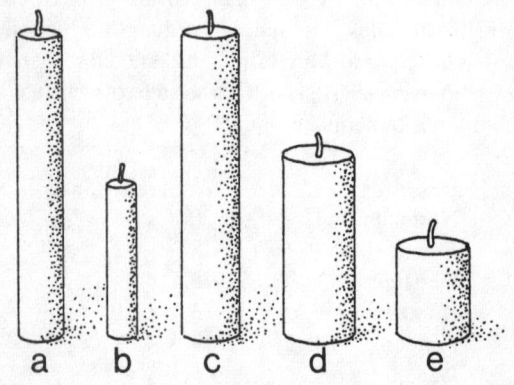

Die Mittelwände werden in 1- oder 2-Kilo-Paketen verkauft; 1 kg kostet etwa 20,– DM. Die Blattzahl hängt von der Formatgröße und der Dicke der einzelnen Platten ab. Dieser Unterschied liegt wiederum an der Walzeneinstellung der Maschine.
Bei 1 kg Normalmaß schwankt die Anzahl zwischen 14 und 19 Blatt.
Den Docht in verschiedenen Stärken erhält man auch vom Meter, was sehr viel billiger ist.
So kostet die Bienenwachskerze aus einer Normalplatte nur noch 1,40 DM statt 3,10 DM mit Docht!
Da lohnt sich doch ein längerer Weg, besonders, wenn man sich mit anderen zusammenschließt und einen Sammeleinkauf tätigt. Aber auch für eine Einzelperson ist ein Großeinkauf nicht verkehrt. Bienenwachs läßt sich hervorragend lagern. Für Kindergärten, Bastelgruppen usw., die größere Mengen abnehmen, gibt es vielleicht sogar Mengenrabatt.

Ein Netz dieser Geschäfte existiert in der Bundesrepublik Deutschland, um die Imker mit allem Nötigen zu versorgen. Adressen von Imkern und vom Fachhandel in der Umgebung findet man am besten im Branchenfernsprechbuch unter »Imkereibedarf«. Einige Adressen sind im Anhang aufgeführt.
Aber auch bei den Mittelwänden gibt es unterschiedliche Qualitäten, und nicht alle eignen sich gut zum Kerzenrollen. Man muß die Farbe und die Stärke der Platten beachten. Eine echte Bienenwachskerze ist goldgelb bis bräunlich, aber niemals unansehnlich grau!
Eine gutgewalzte Mittelwand ist gleichmäßig durchscheinend, wenn man sie gegen das Licht hält. Man darf keine Verunreinigungen erkennen. Das Wachs wird dadurch spröde, die Kerze brennt unregelmäßig ab, und die Platte reißt oft beim Rollen. Sauberes Bienenwachs dagegen beginnt in einem warmen Raum herrlich zu duften und wird geschmeidig.
Ist die Mittelwand sehr dick, ist sie nicht so elastisch und läßt sich schlechter drehen. Ist sie zu dünn, verzieht sie sich schnell, und die Kerze wird nicht gleichmäßig rund.
Schwieriger ist der Kauf von losem Bienenwachs zum Gießen oder Modellieren. Glück hat der, dem alte Bienenwaben zur Verfügung stehen. Diese werden, wie auf Seite 23 schon beschrieben, geschmolzen und geklärt, um sauberes Wachs zum Weiterverarbeiten zu erhalten. In einem Mittelwandproduktionsbetrieb können die ungeprägten Wachsbänder aus der Vorwalze oder Abfälle vom Zuschneiden der Platten gekauft werden. Aus den Wachsbändern lassen sich gut massive Kerzen drehen, außerdem eignen sie sich zum Kneten und Modellieren.
Da es aber in dem Sinne keine Abfälle gibt – alles wird wieder eingeschmolzen und neu verwendet – und beim Wachsband nur der Arbeitsgang der Prägung fehlt, liegt der Kilopreis nur 1,– bis 2,– DM unter dem der fertigen Mittelwände. Bienenwachs ist eben ein kostbarer Rohstoff.
Natürlich kann man die Mittelwände einschmelzen und dann zum Gießen verwenden oder sich selbst kleine Platten zum Modellieren herstellen. So kommt man immer noch erheblich billiger davon, als wenn man abgepacktes Bienenwachsgranulat kauft. Der Preisunterschied beträgt bis zu 40,– DM pro Kilogramm!

Da zum Gießen einer Kerze eine größere Menge Wachs benötigt wird, steht es jedem frei, das Bienenwachs mit Stearin zu mischen. Ich persönlich meine, wenn eine aus reinem Bienenwachs gegossene Kerze zu teuer wird, sollte man sie lieber aus Mittelwänden rollen. Das Wabenmuster gibt der Kerze einen eigenen, unnachahmlichen Charakter.

Farbiges Knetwachs zum Modellieren ist in Bastelgeschäften erhältlich. Auch gutsortierte Spielwarenläden führen Knetwachs und das spezielle Knetbienenwachs (30 % Bienenwachsanteil) der Firma Stockmar, da es auch anstelle von Knete benutzt werden kann. Die kleinen Platten sind entweder zu 6 oder 12 verschiedenen Farben abgepackt oder einzeln zu 0,70 bis 0,90 DM zu kaufen. Die Stockmar-Produkte sind alle mit ungiftigen Farbpigmenten gefärbt. Bei anderen Firmen sollte man sich erst vergewissern, wenn kleine Kinder damit basteln sollen.

Das pflanzengefärbte Mera-Knetwachs der Firma Livos wird in 8 verschiedenen Farben angeboten und ist in einzelnen Naturkostläden oder Geschäften, die Livos-Produkte führen, erhältlich; 4 Platten (zusammen etwa 150 g) kosten 7,80 DM.

Knetwachs ist eine Wachsmischung, die geschmeidiger und leichter formbar als Bienenwachs ist. Deshalb eignet es sich besser zum Modellieren, besonders für Kinder. Es ist brennbar und läßt sich gut zum Verzieren von Kerzen gebrauchen.

## Welche Hilfsmittel brauche ich?

Hier möchte ich einen groben Überblick über zusätzliche Dinge geben, die gebraucht und beschafft werden müssen. Die benötigten Hilfsmittel sind je nach Art der Verarbeitung des Bienenwachses unterschiedlich. Beim Kerzenrollen, Gießen und Modellieren ist eines jedoch immer notwendig: ein *gemütlich warmer Raum* zum Arbeiten. Wie wir schon von den Bienen wissen, braucht Bienenwachs eine hohe Raumtemperatur, um die für die Verarbeitung notwendige Geschmeidigkeit zu erreichen.

Wachs wird aus Sicherheitsgründen immer im Wasserbad geschmolzen. Also brauchen wir 2 Töpfe: einen *Wachstopf* (für das Kerzengießen ist eine Tülle sehr praktisch) und einen *größeren*

*Kochtopf* für das Wasserbad. Diese Töpfe gehören zur Grundausstattung. Will man das Wachs einfärben, müssen gleich mehrere Töpfe vorhanden sein.

> Für alle Gefäße zum Wachsschmelzen gilt: Sie dürfen *nicht verzinkt oder aus Eisen* sein!
> Beim Erhitzen färbt sich sonst das Bienenwachs grau!
> *Emailletöpfe* sind nur geeignet, wenn sie keine abgeschlagenen Stellen haben.
> Ich habe gute Erfahrung mit leeren *Konservendosen* gemacht.

Für die Vorbereitung der **Dochte** benötigen wir außerdem eine *Schere* oder ein *scharfes Messer* zum Zurechtschneiden sowie ein *Brett* zum Abkühlen und Trocknen der Dochte.

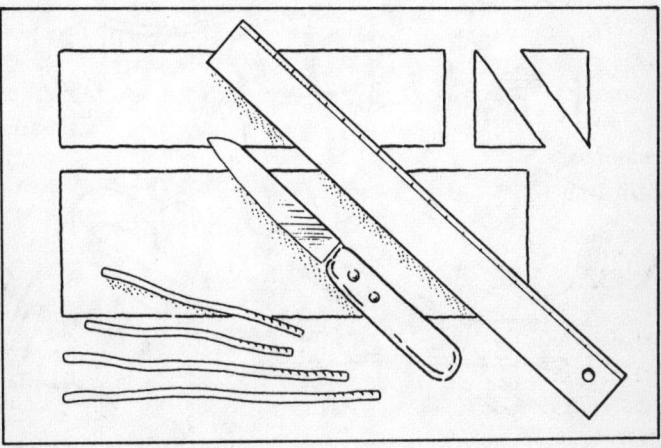

Das **Kerzenrollen** geht ohne viele Hilfsmittel. Eine *saubere Tischplatte* gemütlich in der Nähe des Ofens reicht schon als Arbeitsplatz aus. Ein *Messer mit glatter Schnittkante*, ein *langes Lineal* und eine *Unterlage zum Schneiden* (damit der gute Tisch nicht leidet!) ist alles, was zum Verzieren der gerollten Kerzen gebraucht wird.

Das **Gießen** mit Bienenwachs erfordert viel Zubehör und gründlichste Vorbereitung. Die Küche ist dafür der günstigste Arbeitsplatz, da dort der Herd steht, genug Arbeits- und Abstellflächen vorhanden sind und einfacher saubergemacht werden kann.

Neben den *2 Töpfen* gehören *Pappe oder alte Tücher* zum Abdecken, *Alufolie, Lösemittel,* ein *Pinsel* oder ein *faserfreies Läppchen, Hölzchen* für die Dochtbefestigung und die diversen *Gußformen* zur Grundausstattung. Gußformen gibt es in Bastelgeschäften, aber auch viele Gefäße aus dem Haushalt kann man zum Kerzengießen benutzen. Aus Gips oder Silikonkautschuk läßt sich eine Form selbst herstellen. Eine Linolschnittplatte kann als Model für einen Reliefabguß dienen.

Zum **Einfärben** des Wachses gibt es *Farbpigmente* zu kaufen.

**Modellieren** mit reinem Bienenwachs sollte man in Ofennähe, während Knetwachs bereits durch Handwärme gut formbar wird. *Modellierhölzer,* ein *Messer,* eine *Stricknadel,* ein *Löffel* oder anderes Werkzeug zum Bearbeiten der Oberfläche und Formgebung sind unter Umständen gute Hilfen. Eingearbeitete *Hölzchen* erhöhen die Stabilität der Figuren. Mit *Blumendraht* in Weihnachtsbaumschmuck eingeknetet fertigt man den Aufhänger an.

Der eine oder andere zieht auch das Arbeiten nach einer Vorlage vor.

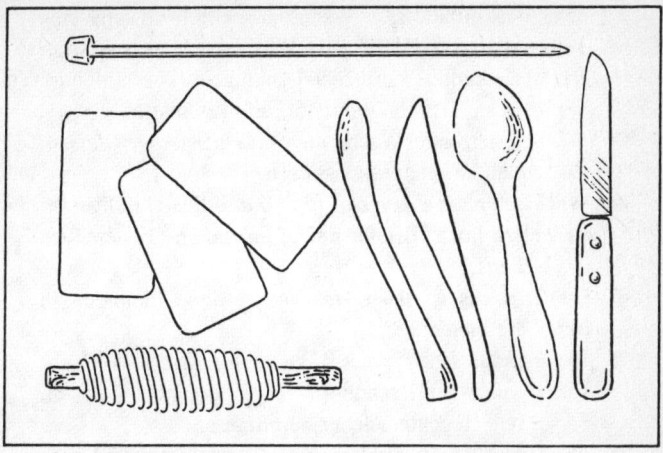

Für das **Verzieren** von Kerzen und anderen Gegenständen gibt es dünne *Wachsfolien,* aus denen Formen ausgeschnitten oder ausgestochen werden können. Mit *Klebwachs* befestigt man Fremdteile an der Kerze. Auch *Wachsmalfarben* können benutzt werden. Bei den Bastelanleitungen werde ich auf die jeweiligen Vorbereitungen und Hilfsmittel noch genauer eingehen.

## Wichtige Hinweise!

Das Einschmelzen von Bienenwachs ist nicht ganz ungefährlich. Folgende Sicherheitsregeln sollte man unbedingt beachten.

**Vorsichtsmaßnahmen**
- Flüssiges Bienenwachs ist *brennbar!* Bei 180 °C entzündet es sich, deshalb sollte nie der Wachstopf direkt auf den Herd gestellt werden; ausgenommen ein Ofen oder eine Heizung, die keine hohen Temperaturen errei-

chen. Bei Elektroherden ist besondere Vorsicht geboten, nur kleinste Stufe benutzen.

Die sicherste Methode, Wachs zu schmelzen, ist in einem Wasserbad. Das Wachs erreicht höchstens eine Temperatur von 100 °C, da Wasser sich nicht stärker erhitzen kann. Zusätzlich gelangen überlaufendes Wachs oder Tropfen nicht auf die Herdplatte.

- Das schmelzende Wachs *nicht aus den Augen lassen!* Zu schnell kann etwas passieren.
- Wachsschmelzen ist *nichts für Kinder!* Die Unfallgefahr ist viel zu hoch. Brandwunden entstellen für den Rest des Lebens.
- Bienenwachs ist *feuergefährlich!* Offene Flammen in der Nähe meiden.
- Brennendes Wachs *nie mit Wasser löschen!* Das Wachs spritzt, und der Brandherd vergrößert sich! Decken, Säcke oder feuchte Tücher bereithalten.
- Die Dämpfe beim Erhitzen von Bienenwachs und auch auf dem Herd verdampfende Wachsspritzer können, über längere Zeit eingeatmet, Kopfschmerzen verursachen. Von Zeit zu Zeit *lüften*.

**Praktische Tips**

- Die *richtige Topfgröße* wählen. Topflappen und Topfuntersetzer nicht vergessen.
- Die *Arbeitsflächen* möglichst mit einer Pappe, mit alten, feuchten Tüchern oder einer Alufolie *abdecken*. Man spart sich das Entfernen eventueller Wachsspritzer.
- Geht doch mal etwas daneben, die Spritzer *trocknen lassen* und hinterher *vorsichtig* von der Oberfläche lösen. Reines Bienenwachs hinterläßt keine Fettflecke, nicht mal auf Papier!
- *Spritzer auf Stoff* möglichst *auskochen*. Ist das nicht möglich, kann man sie mit Löschpapier und einem Bügeleisen ausbügeln.

Dickes, saugfähiges Löschpapier auf den Wachsfleck legen und mit dem heißen Bügeleisen kurz überbügeln. Unter der Hitze schmilzt das Wachs und wird sofort vom Löschpapier aufgesogen. Eine neue saubere Ecke im Papier suchen, und den Vorgang so oft wiederholen, bis der Fleck verschwunden ist. Das Bügeleisen nie zu lange auf dem Spritzer lassen, sonst kommt das Wachs an die Unterseite des Eisens.
- Arbeitsflächen, Fußboden, Teller usw. mit ganz *heißem Wasser abwaschen*. Bienenwachs schmilzt bei 64 °C.
- Und eines nicht vergessen: Mit flüssigem Bienenwachs sollte man nur arbeiten, wenn man Zeit und Ruhe, sowie alles sorgfältig vorbereitet hat und bedächtig und konzentriert bei der Arbeit ist. Dann macht das Basteln Freude, und es wird nichts Schlimmes passieren.

## Der Docht

Das Herzstück der Kerze ist der Docht. Er ist hauptverantwortlich für gutes Brennen, deshalb werden wir ihm einige Aufmerksamkeit widmen.

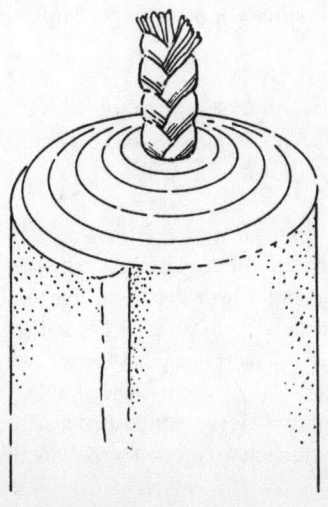

Dochte sind aus Strängen von vielen dünnen Baumwollfäden in einer speziellen Weise geflochten. Manchmal sind sie vom Hersteller chemisch behandelt, um ein Nachglimmen und Rußen zu verhindern. Ein einfacher Faden aus Topflappengarn erfüllt nicht seine Aufgabe.

Es gibt Rund- und Flachdochte. *Flachdochte* haben im Gegensatz zu Runddochten keine Richtung. Da die *Runddochte* saugfähiger sind, werden sie für Bienenwachskerzen benutzt, auch für Kerzen, die Bienenwachsanteile haben. An einer Seite ist der Runddocht etwas abgeflacht. Dort erkennt man im Webmuster ein »V«. Die Spitze des »V« zeigt immer das untere Ende des Dochtes an. Die Flammseite ist in Richtung der Öffnung des »V«, also oben. Das richtige Einlegen des Dochtes in die Kerze sollte unbedingt beachtet werden, da es für das Brennverhalten wichtig ist.

Dochte gibt es in verschiedenen Stärken von Null an in geraden Zahlen aufwärts. Die Stärke richtet sich nach der Kerzenmachart, dem Kerzendurchmesser und dem Standort der Kerze. So können nur ungefähre Größen angegeben werden.

Für dünne Kerzen, z. B. Weihnachtsbaumkerzen oder spitze Kerzen, empfiehlt sich auf jeden Fall Dochtstärke 0; hier kann man auch Flachdochte nehmen. Aus Mittelwänden gerollte Kerzen benötigen dünnere Dochte als gegossene; gezogene Kerzen brauchen wiederum dickere. Ich benutze bei Mittelwandkerzen:

$$\begin{aligned}
&\text{bis } 30 \text{ mm } \varnothing \text{ Stärke } 2\\
&\text{bis } 45 \text{ mm } \varnothing \text{ Stärke } 4\\
&\text{ab } 45 \text{ mm } \varnothing \text{ Stärke } 6\text{–}8\\
&\text{ab } 60 \text{ mm } \varnothing \text{ Stärke } 10
\end{aligned}$$

Auf keinen Fall sollte man einen 2er-Docht in eine Kerze mit 60 mm Durchmesser tun! Für diese Wachsmenge ist der Docht zu klein; beim Abbrennen würde die Kerze aushöhlen und ein Rand stehenbleiben. Ist der Docht zu dick gewählt, brennt die Kerze sehr schnell ab, und es läuft nur unnötig viel Wachs herunter; die Flamme ist zu groß und zu warm. Jeder muß also selbst ein bißchen ausprobieren und eigene Erfahrungen sammeln.

Runddochte verschiedener Stärken erhält man, wie schon erwähnt, im Fachhandel für Imkereibedarf. Der Meter dünner

Docht kostet 0,50 DM, für größere Stärken wird 0,60 DM verlangt. In Bastelgeschäften erhält man ihn natürlich auch, allerdings bereits zugeschnitten und abgepackt – und teurer. Kauft man ihn dort, muß man darauf achten, daß es sich um einen Runddocht handelt und die Länge brauchbar ist. Meist ist das Angebot auf das Kerzenherstellen aus Stearin ausgerichtet, d. h., es handelt sich um Flachdochte.

Beim Zuschneiden der Länge darf man nicht vergessen, daß der Docht an der Kerzenspitze $1/2$ cm übersteht und unten auch ein kleines Stückchen herausschauen muß. Wird er getränkt, verkürzt er sich noch etwas durch Zusammenziehen. Lieber ein Stück zu lang als zu kurz!

Braucht man viele Dochte der gleichen Länge, ist es mühselig, sie alle einzeln auszumessen. Man fertigt sich eine kleine, stabile Pappe in der richtigen Länge an und wickelt den Docht darüber. Oben und unten mit einem scharfen Messer oder einer großen Schere durchschneiden, und schon hat man die Hand voll Dochte. Dabei muß man aber darauf achten, daß man nicht zu stramm wickelt, da sich der Docht dehnt. Nachher ist er womöglich zu kurz!

Jetzt markiere man sich nach dem »V« im Webmuster das untere Ende des Dochtes, entweder durch einen Knoten oder indem man die Enden mit einem Faden alle fest zusammenbindet.

Das Tränken des Dochtes ist nicht unbedingt notwendig, man sollte aber wenigstens die Spitze eintauchen. Die Kerze läßt sich viel besser anzünden, es sieht hübscher aus und man erkennt schneller, welches das richtige Ende ist. Man nimmt am besten gleich mehrere Dochte, damit es schneller geht.

Für das Tränken wird etwas Bienenwachs in einem Topf geschmolzen; entweder in einem Wasserbad auf dem Küchenherd oder direkt auf einem Ofen, der nicht zu heiß wird.

*Zur Erinnerung:* Bienenwachs ist leicht brennbar!

              Auf Kinder achtgeben!

              Schmelzendes Wachs im Auge behalten!

Man taucht die Dochtspitzen, besser noch die ganzen Dochte, so weit es geht, für einen Moment in das flüssige Wachs. Nun zieht man die Dochte heraus, läßt das Wachs noch etwas abtropfen und legt sie auf ein Brett zum Trocknen.

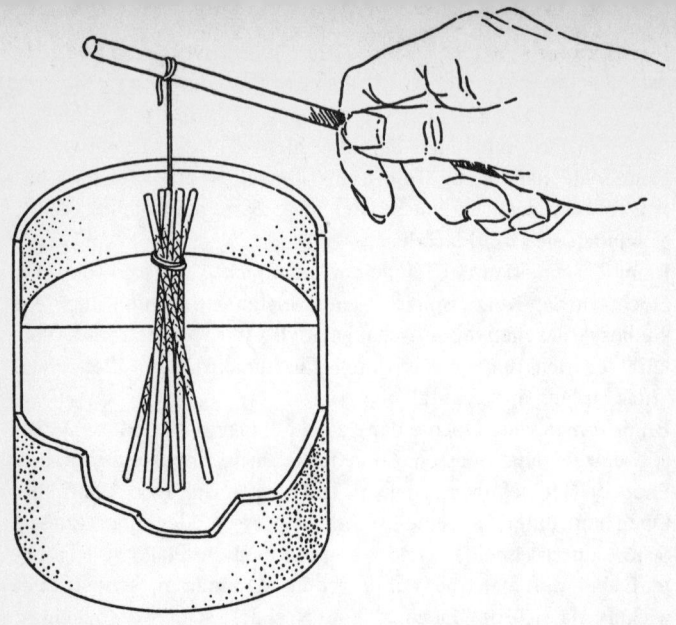

Ein gut mit Wachs überzogener Docht eignet sich übrigens hervorragend als Fidibus, als Anzünder für die Kerzen am Weihnachtsbaum!

Hebt man sich die Dochte längere Zeit auf, z. B. bis zur Adventszeit im nächsten Jahr, sollte man sie in verschiedene Pappschächtelchen oder Briefumschläge packen und die entsprechende Dochtstärke darauf vermerken. So bewahrt man sie staubfrei auf und verwechselt nicht die Größen.

Auch für den Docht in der Kerze müssen noch einige Dinge beachtet werden.

Er sollte immer so kurz wie möglich sein, das verlängert entscheidend die Lebenszeit der Kerze. Brennt eine Bienenwachskerze über längere Zeit, muß hin und wieder der Docht geschnitten werden. Das kann auch vorsichtig bei brennender Kerze geschehen. Vor jedem Anzünden vergewissert man sich der Dochtlänge und bricht eventuell ein Stück ab.

Der Grund für diese Dochtpflege besteht darin, daß die Runddochte meist nicht chemisch behandelt werden. Deshalb verbrennen sie nicht restlos, rußen leichter und glimmen auch nach.

# Praktischer Teil

**Das Rollen von Kerzen aus Mittelwänden**

Die häufigste und bekannteste Art, mit Bienenwachs zu basteln, ist das Herstellen von Kerzen aus Mittelwänden. Für Mittelwandkerzen braucht man nur sehr wenige Hilfsmittel und Vorbereitungen. Man muß nicht mit flüssigem Wachs oder gefährlichen Gegenständen hantieren; das Rollen ist schnell gelernt. Deshalb ist es in Kindergärten, Schulen, Jugend- und Seniorengruppen eine beliebte Adventsbastelei.
Wir sitzen gemütlich in der Nähe des mollig warmen Ofens. Die Mittelwände müssen für das Rollen gut durchgewärmt sein. Ich habe immer einige Pakete auf unserem Wohnzimmerschrank liegen, da die Luft unter der Zimmerdecke schön warm ist. So sind die Platten richtig temperiert, und ich kann jederzeit Kerzen rollen. Das herrlich duftende Bienenwachs verbreitet eine vorweihnachtliche, entspannte Atmosphäre. Unsere Besucher erfreuen sich an dem feinen Duft und fühlen sich sofort zu Hause.
Das Vorwärmen der Mittelwände ist wichtig, damit sie geschmeidig für das Rollen sind. Ist das Wachs zu kühl, ist es spröde und unelastisch. Man muß mit viel Kraftaufwand arbeiten, und trotzdem kleben die Wicklungen schlecht aneinander. Die fertige Kerze ist locker, hat zuviel Luft zwischen den einzelnen Wicklungen und brennt schnell und ungleichmäßig ab. Wenn man ganz großes Pech hat, bricht die Mittelwand sogar beim Rollen.

Zuviel Wärme ist aber auch nicht gut. Die Platten werfen Wellen und verziehen sich leicht durch den Druck beim Drehen. Die Kerze wird nicht rund, die Wicklungen unregelmäßig, und es besteht ebenfalls die Gefahr von Lufteinschlüssen.

> Die *richtige Temperatur* der Mittelwände ist eine wichtige Voraussetzung für das Gelingen der Kerze!

Am besten ist, man packt die Platten einen Tag vorher in einen warmen Raum. Ist das nicht möglich, und sie liegen am Ofen, muß man sie ab und zu wenden, damit beide Seiten gleichmäßig gewärmt werden. Aber nie die Platten direkt auf eine Heizung legen! Die Rippen schmelzen sofort ein, die Wabenplatten sind unbrauchbar.
Auch später ist der Standort der fertigen Kerze wichtig. Am Ofen oder über einer Heizung wird das Wachs weich, die Kerze brennt selbstverständlich schneller ab und neigt zum Laufen. An einem kühleren Ort, z. B. am Fenster, zeigt sie gleich ein ganz anderes Brennverhalten. Da kann es sogar passieren, daß sie trotz korrekter Dochtstärke beim Brennen aushöhlt. Auch einseitige Kälte und Hitze läßt sie schief brennen. Ich bin aber sicher, jeder wird bald den günstigsten Platz in seinen vier Wänden finden.
Das Rollen ist schnell gelernt. Es bereitet auch kleinen Kindern keine allzu großen Schwierigkeiten, dafür aber viel Vergnügen. Sie sind mit Eifer dabei und anschließend stolz, ihre eigene Kerze brennen zu können. Die langen Winternachmittage werden auf angenehme Weise verkürzt. Und Kerzen kann man in der Weihnachtszeit nie genug haben!

**Die einfache Kerze**

Wir haben es uns also bequem gemacht. Die Wabenplatten sind gut temperiert, die getränkten Dochte liegen griffbereit. Mehr brauchen wir nicht, um eine schlichte Bienenwachskerze aus einer Mittelwand herzustellen.
Die kurze Seite der Platte ist auf unseren Körper gerichtet. Sie ergibt die Höhe der Kerze.

Der Docht wird straff auf die dem Körper zugewandte Kante der Mittelwand gelegt; bei dem Normalmaß von 20 × 35 cm Dochtstärke 2 verwenden. Auf der als Kerzenspitze vorgesehenen Seite ragt er 1/2 cm über den Plattenrand hinaus. Dabei beachten, daß der Docht gerade liegt und die Dochtrichtung stimmt. Ein schief eingelegter Docht beeinflußt die Drehrichtung von Anfang an.

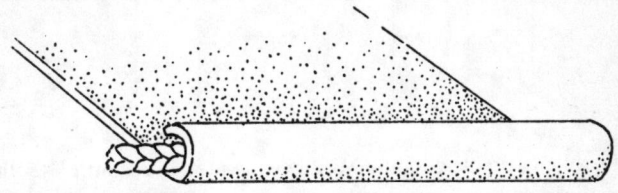

Nun wird der Docht angedrückt und so fest mit der Kante umwickelt, daß er nicht mehr herausgezogen werden kann. Schon haben wir die 1. Wicklung.

Zum Befestigen des Dochtes kann man auch zusätzlich Klebwachs benutzen. Ich halte es aber für einen unnötigen Aufwand.

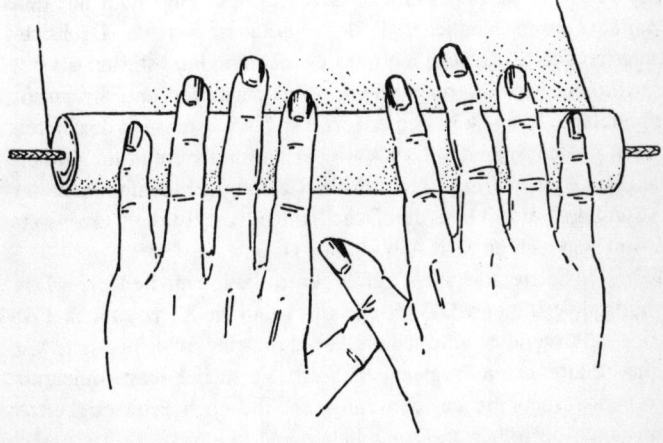

Das Rollen geschieht bei breiten Platten mit beiden Händen; die Finger leicht gespreizt halten, um den Druck möglichst gleichmäßig zu verteilen. Schmale Formate lassen sich besser mit einer

Hand drehen. Dabei beobachten wir die Kerzenspitze, ob sie die gewünschte Form erhält. Sie kann ganz gerade oder sehr steil, rund oder spitz mit leicht konkavem Schwung gedreht werden.

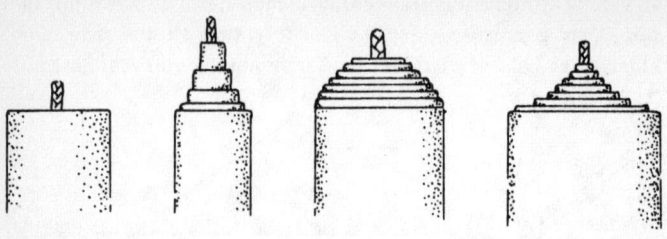

Wir rollen also die gesamte Mittelwand unter Druck auf. Es sollte ziemlich fest gerollt werden, damit so wenig Luft wie möglich zwischen den einzelnen Wicklungen ist. Denn eine lockere Kerze brennt sehr viel schneller und oft schief ab. Der Druck und die Wärme reichen aus, daß die Wicklungen genügend aneinander kleben.

Aber wie erhalte ich nun die gewünschte Form der Kerzenspitze?

Die Antwort ist ganz einfach: durch Druck. Gibt man mit den Händen unterschiedlichen Druck, verändert sich die Drehrichtung der Platte. Drücke ich mit der rechten Hand stärker als mit der linken, wird die rechte Seite etwas enger gedreht. Sie macht eine leichte Rechtskurve, die Kerzenspitze entsteht auf der linken Seite. Gleicht man den Druck wieder aus und verteilt ihn auf beide Hände gleichermaßen, wird die Richtung gerade und auch der Abschluß. Verteilt man den Druck umgekehrt, ist die Kerzenspitze auf der rechten Seite. So einfach ist das!

Wem die Spitze noch nicht gefällt, entrollt einfach die Kerze. Das Material verträgt es. Das gleiche gilt, wenn die Kerze zu locker ist oder sich irgendwo eine schiefe Wicklung eingeschlichen hat. Mit einer Platte hat man gleich mehrere Versuche! Das erleichtert auch die Nachhilfe bei den Jüngsten, die noch Schwierigkeiten mit dem kontrollierten Druck haben.

Die letzte Runde sollte auf der Höhe der vorherigen liegen, um einen geraden Abschluß zu erhalten. Ist das nicht der Fall, steht am Fuß der Kerze eine Ecke über. Sie wackelt oder steht schief.

Natürlich kann etwas geschummelt und die Ecke umgebogen oder abgeschnitten werden.

Die Abschlußkante wird mit den Fingern angedrückt, damit die Kerze nicht wieder aufgeht. Dabei müssen wir etwas behutsam sein, sonst wird aus unserer runden Kerze ein Ei.

Das Dochtende am Fuß der Kerze wird umgebogen, eventuell noch mit der Schere gekürzt. Fertig ist die erste selbstgerollte Bienenwachskerze!

Zum Schluß möchte ich eine kleine Feinheit verraten, wie die Kerzenspitze noch hübscher und gleichmäßiger aussehen kann. Wir betrachten uns die Schnittkanten der Mittelwand. Manchmal sind sie schlecht geschnitten, und eine Kante ist weiß. Diese wählen wir für den Fuß der Kerze. Mit der Zeit und etwas Erfahrung bekommt man auch einen Blick dafür, daß je nachdem, wo der Schnitt durch das Zellmuster der Mittelwand verläuft, die Kerzenspitze dicht geschlossen und ebenmäßig aussieht oder offen und stumpf. Diese Kleinigkeit hat eine große Wirkung auf das Erscheinungsbild der fertigen Kerze.

Vielleicht ist das Premierenstück nicht ganz so gut geworden, wie man es sich gewünscht hätte. Kein Grund, die Flinte gleich ins Korn zu werfen. Übung macht den Meister! Der Leser wird überrascht sein, wie schnell er das Kerzenrollen beherrscht.

Doch bei allen Tricks und geübter Hand darf man eines nicht vergessen: Es ist auf keinen Fall erstrebenswert, perfekte Kerzen hinzuzaubern, die aussehen wie vom Fließband einer Maschine. Bienenwachs ist ein Naturprodukt, und das Rollen ist Handarbeit. Jede Kerze wird immer etwas anders ausfallen. Und gerade diese feinen Unterschiede verleihen jeder einzelnen Kerze einen individuellen Charakter und lassen die Bienenwachskerzen so lebendig erscheinen.

**Die dicke Kerze**

Wir haben jetzt eine Mittelwandkerze aus einer Wabenplatte gerollt. Mit Leichtigkeit können wir diese Kerze in jeder beliebigen Dicke herstellen. Dafür brauchen wir kein neues Mittelwandformat. Um die 1. Kerze wird einfach eine 2. Platte gerollt, schon ist sie dicker.

Die neue Mittelwand wird direkt am Abschluß der ersten angesetzt und festgedrückt. Dann rollt man genauso wie vorher beschrieben.

Je mehr Platten angefügt werden, desto schwieriger wird das feste und gleichmäßige Rollen. Eine sehr dicke Kerze hat meist etwas Luft zwischen den Wicklungen und knistert leicht beim Drücken. Ihr Brennverhalten wird dadurch aber kaum beeinträchtigt. Die Wachsmenge gleicht es wieder aus.

Die abgebildeten Kerzen sind alle aus dem Format 20 × 35 cm, dem Normalmaß, hergestellt. Die 2. ist aus 1 Mittelwand gefertigt, den weiteren ist jeweils 1 Platte dazugefügt. Wächst der Umfang der Kerze, geht die Anzahl der Wicklungen, die man mit einer Mittelwand macht, zurück. Der Unterschied in der Dicke wird immer geringer, sie wächst langsamer. Für die schlankste Kerze habe ich die Wabenplatte in der Mitte quer durchgeschnitten.
Nun darf man nicht vergessen, die richtige Dochtstärke zu wählen! Von dünn nach dick habe ich die Stärken 0, 2, 6, 8 und 10 verwendet.
Ich bevorzuge die dicken Kerzen. Sie brennen im Verhältnis erstaunlich viel länger und neigen nicht so zum Laufen.
**Tip:** Aus ungeprägten Wachsbändern lassen sich hervorragend massive Kerzen drehen, die bestens brennen!

## Die gewendelte Kerze

Für die Herstellung einer gewendelten Kerze brauchen wir ein *Messer mit glatter Schnittkante,* ein *langes Lineal* und ein *großes Brett,* da die Mittelwand durchgeschnitten wird. Ich benutze zum Kerzenrollen immer ein Brett, und zwar den Deckel einer ausgedienten Munitionskiste. Er hat genau die richtige Größe. Auf der Unterseite sind 2 Querhölzer angebracht; das eine drückt vorne gegen die Tischkante, das andere liegt auf dem Tisch auf und gibt dem Brett eine leichte Schräglage. Es kann beim Schneiden nicht wegrutschen und ermöglicht eine entspanntere Körperhaltung beim Rollen. Wenn man oft und über längere Zeit dreht, macht sich das positiv bemerkbar.
Das Lineal wird diagonal auf die Mittelwand gelegt und festgehalten. Das Messer zieht man mit leichtem Druck am Lineal entlang. So erhalten wir 2 Dreiecke. Die Mittelwände sollten gut durchgewärmt sein, sonst wird die Schnittkante weiß. Wenn sie allerdings zu weich sind, kleben sie am Messer, und das Lineal beschädigt die Zellprägung.
Die spitzen Kerzen (siehe Foto Seite 56) sind jeweils aus einem Dreieck gefertigt. Dafür wird der Docht an der breiten Kante in der bereits beschriebenen Weise befestigt und die Kerze je nach

Breite erst mit 2 Händen, zum Schluß aber nur mit einer Hand gerollt. Hinterher kontrolliert man die Wendel, ob sie auch dicht an der Kerze anliegen. Ist das nicht der Fall, drückt man sie mit den Fingern nachträglich fest.

Diese Art von Kerze sollte so wenig Lufteinschlüsse wie möglich haben, da die obere Hälfte aus sehr wenig Wachs besteht und deshalb besonders schnell brennt. Dafür ist sie dekorativ und eignet sich ausgezeichnet für Einzelleuchter.

Die kleine ist aus dem Format 12,5 × 57 cm mit der Dochtstärke 2 gemacht. Sie ist etwas dicker und auch enger gewendelt, weil die Wabenplatte länger ist.
Die hohe Kerze ist aus dem Format 20 × 35 cm mit Dochtstärke 0 gedreht. Sie läßt sich noch mit einem »Bauch« verzieren (siehe Seite 68).
Für die dicken gewendelten Kerzen dreht man eine Mittelwand zu einer einfachen Kerze, wie bereits beschrieben, drückt an deren Abschluß die breite Kante des Dreiecks an und rollt es auf. Beide Platten müssen das gleiche Format haben.

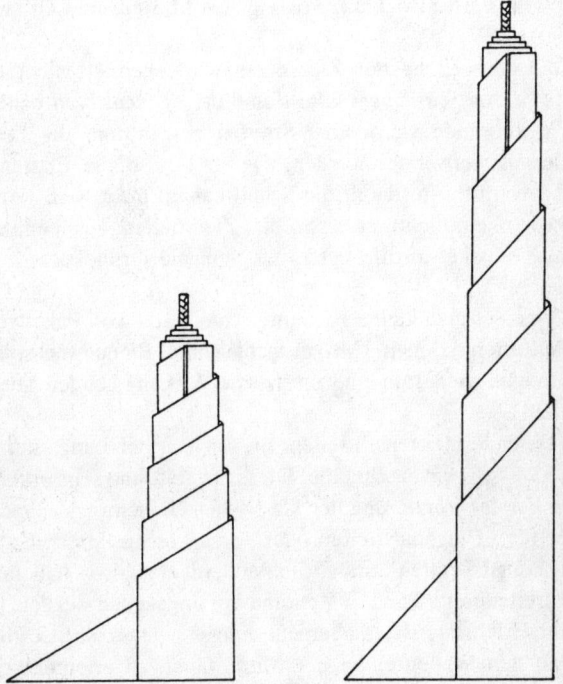

Die kleine abgebildete Kerze ist aus dem Maß 12,5 × 57 cm, die große aus 20 × 57 cm, jeweils mit der Dochtstärke 6 gedreht. Diese Kerzen wirken hübsch auf dem Adventskranz und brennen lange.

## Die Zierkerze

Die schlichten Bienenwachskerzen lassen sich ohne großen Aufwand auf verschiedenste Weise verzieren. Sie eröffnen ein wahres Experimentierfeld und setzen der Kreativität keine Grenzen. Immer wieder lassen sich neue Kombinationen und Motive finden, bis hin zu zierlichen, kunstvollen Mustern. Eine Zierkerze wird ihrem Schöpfer Bewunderung einbringen und ist ein wundervolles, persönliches Geschenk.

Ich möchte im folgenden einige Möglichkeiten aufzeigen und beschreiben. Die Anleitungen sind zur Nachahmung sowie als Anregung für die Entwicklung von eigenen Mustern und Ornamenten gedacht.

Für die Herstellung der Zierkerzen wird ebenfalls nicht mehr als ein *Messer,* ein *langes Lineal* und das *Schneidebrett* benötigt. Die Mittelwände werden zu Streifen geschnitten, die für die Verzierung verwendet werden. Dafür müssen die Platten gut durchgewärmt sein, damit die Schnittkanten nicht weiß werden. Außerdem empfiehlt es sich, die Zierstreifen aus demselben Mittelwandpaket anzufertigen, aus dem die Grundkerze gerollt wurde.

So vermeidet man kleine Farbunterschiede, die von Paket zu Paket auftreten können. Mit ausgebleichten Bienenwachsplatten könnte man wiederum eine zusätzliche Wirkung bei den Mustern erzielen.

Ich verwende meistens Streifen, die ich von der Länge des Formats 12,5 × 57 cm zuschneide. Diese Streifen sind sehr praktisch, da sie bei der Verzierung der klassischen Bienenwachskerze entweder für 4 Diagonalstreifen oder 3 waagerechte Streifen ausreichen. Lange Streifen ermöglichen außerdem zügiges Arbeiten.

Die Streifenbreite kann in Zentimetern angegeben werden; nach meiner Erfahrung ist es aber um einiges leichter und schneller, sich an den Wabenreihen der Mittelwände zu orientieren. Sie werden abgezählt, das Lineal entlanggelegt, und schon erhält man gerade und gleich dicke Streifen. In den folgenden Anleitungen habe ich deshalb immer die entsprechende Anzahl Zellen als Breitenangabe der Streifen gewählt, Angaben in Zentimetern sind extra vermerkt.

Um die Muster zu befestigen, müssen die Kerze sowie die Verzierungselemente gut warm sein. Der Druck der Finger reicht aus, daß sie auf der Kerze haften. Geht später einmal ein Stück ab, kann es durch Erwärmung immer wieder angebracht werden. Dazu aber nie ein Feuerzeug oder ähnliches benutzen! Das Wachs schmilzt sofort und wird schwarz. Nur wenn eine Zierkerze großen Temperaturschwankungen ausgesetzt ist, ist der Gebrauch von Klebwachs vorteilhafter.

Beim Entwerfen von Verzierungen gibt es verschiedene Vorgehensweisen. Einmal kann völlig frei gearbeitet werden. Die regelmäßige Zellprägung der Mittelwände legt jedoch ein geometrisches Vorgehen nahe. Für waagerechte, senkrechte und diagonale Streifen kann man sich gut nach der Vorgabe der Zellreihen der Grundkerze richten. Hierbei kann, wer die nötige Ausdauer besitzt, alles haargenau abgezählt und ausgerechnet werden. Wenn dann noch die Zellstruktur beim Zuschneiden der Streifen berücksichtigt wird, ist die Verzierung perfekt. Ich nehme sie nur als Orientierung und arbeite lieber »über den Daumen«. Das ist aber individuell verschieden.

Die Stoßstellen waagerecht angebrachter Streifen sollten aber der Schönheit wegen immer übereinander auf der Abschlußkante der Grundkerze liegen. Sie ist auch der beste Ausgangspunkt für geometrische Muster und sollte, wenn diese Möglichkeit besteht, verdeckt werden.

Genug der Vorbemerkungen, los geht's!

## Beispiel 1

Diese Kerze ist einfach und schnell anzufertigen, da sie nur mit Streifen verziert ist. Als Grundform ist die klassische Bienenwachskerze gewählt, 2 Platten des Formats 12,5 × 57 cm mit der Dochtstärke 8 verrollt.

4 verschiedene Streifenbreiten werden benötigt. Je einen Streifen der Breite ½ Zelle, 2 Zellen und 2½ Zellen und 2 Streifen mit der Größe 1½ Zellen.

Nun betrachten wir die Kerze von oben und teilen das Rund, von der Abschlußkante ausgehend, in Viertel. Als erstes werden wir den Streifen der Breite 2 verarbeiten, der für 4 Zierstreifen auf der Kerze ausreicht, wenn er aus der Länge des Formats 12,5 × 57 cm zugeschnitten wurde.

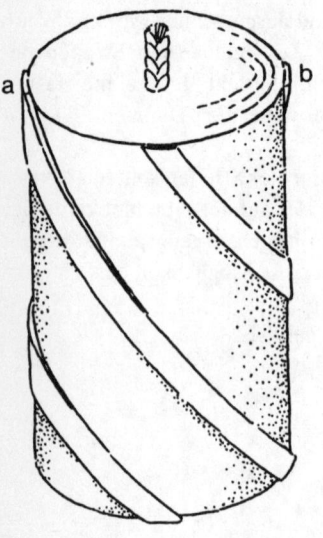

Er wird oben an der Abschlußkante (a) angesetzt und der Schräge der Zellprägung auf der Kerze folgend bis zum Fuß angedrückt. Er endet ungefähr gegenüber von (a) am unteren Rand der Kerze und wird entweder mit einem Messer oder dem Finger abgeknipst.

Der 2. Zierstreifen wird ebenfalls oben auf der Hälfte (b) des Kerzenrunds angesetzt, schräg der Zellprägung entlanggeführt und angedrückt. Er endet wieder an der Abschlußkante; die Kerze ist quasi halbiert.

Die beiden weiteren Streifen vierteln das Rund. Sie werden jeweils in der Mitte zwischen den ersten beiden oben angesetzt und verlaufen parallel mit diesen. Die Grundeinteilung des Musters ist fertig. Der schmale Streifen (½ Zellgröße) wird nun auf der Mitte des »2er« aufgedrückt. Er reicht ebenfalls für 4 Zierstreifen.

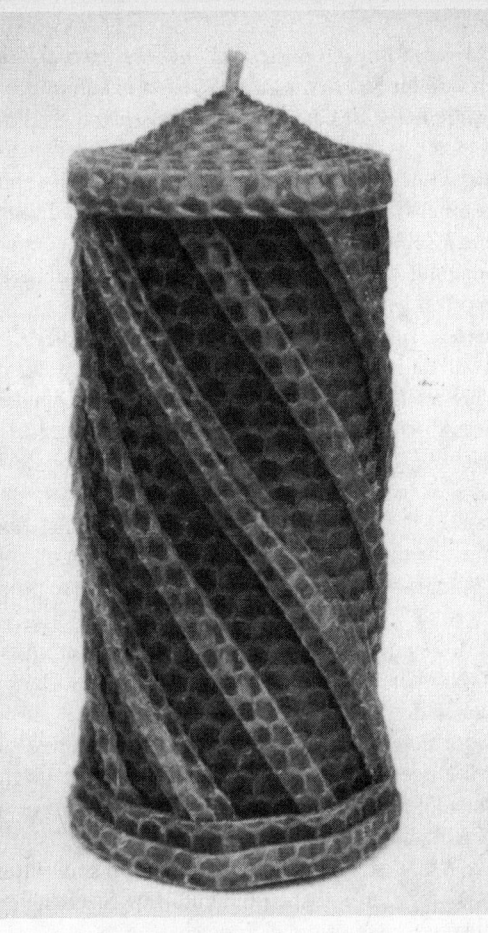

Mit der Breite 1½ werden nun die Zwischenräume noch einmal geteilt, die Kerze ist also geachtelt.

Mit dem 2. Streifen dieser Breite wird oben der Abschluß geklebt, der die Ansätze der Zierstreifen verdeckt.

Der Fuß wird erst mit dem »2½« und anschließend mit dem »1½« umwunden.

Unsere erste Zierkerze ist fertig!

## Beispiel 2

Diese 3 Kerzen zeigen die vielleicht naheliegendsten Variationen, die man mit der Verzierung von Streifen bekommt.

Die *mittlere Kerze* ist ein Demonstrationsstück, das die 4 grundlegenden Arten vereint. Sie ist aus 3 Platten Normalmaß gefertigt. Bei allen 3 Kerzen habe ich die Dochtstärke 8 verwendet.

Die Diagonalstreifen sind 1 knappe Zelle breit und nach dem vorgegebenen Zellmuster der Kerze geklebt. Die Rhomben ergeben sich, wenn auf die gleiche Weise Streifen in die andere Richtung darübergelegt werden.

Der unterste Teil hat senkrechte Streifen. Auch hierbei kann man sich an der Zellstruktur auf der Kerze orientieren. Jeder 2. Streifen ist breiter (2½) und wiederum mit einem schmalen (½) verziert. Die Abschlüsse bringen als Ringe die Waagerechte ins Spiel.

Die *rechte Kerze* ist ebenfalls aus 3 Platten Normalmaß gerollt. Die Höhe ist in 3 Abschnitte unterteilt, die optisch gleich aussehen. Dem ist aber nicht so. Der obere Abschnitt ist etwas kleiner als der mittlere, während der untere ein bißchen größer ist als dieser. Wäre das nicht der Fall, würde die Kerze unproportioniert erscheinen.

Die Streifen sind alle gleich stark (1) und in diesem Abstand auch geklebt. Nur der Fußabschluß besteht aus einem »2er« mit einem »½er« verstärkt.

Die Diagonalen stoßen versetzt aneinander. Da die Richtung im Mittelteil entgegengesetzt verläuft, wirkt diese an sich schlichte Kerze aufgelockert und zierlich. Die Verzierung ist in Anlehnung an das Fischgrätenmuster entstanden.

Die *linke Kerze* ist aus 4 Platten Normalmaß gedreht und bis auf den etwas breiteren Fußabschluß mit »1er«-Streifen verziert. Die Rhombusringe lassen sie dicker erscheinen.

Auch hier muß auf die gewichtmäßige Verteilung der Ringe geachtet werden, damit die Kerze ihre optische Standfestigkeit behält. Eine kleine Feinheit erkennt der aufmerksame Betrachter: Die zuoberst gelegte Diagonale der Rhomben verläuft jewels im Wechsel: oben von rechts nach links, dann von links nach rechts, darauf wieder umgekehrt und zum Schluß wie im 2. Ring. Solche Kleinigkeiten werden vom Auge mehr unbewußt wahrgenommen, beleben aber den Gesamteindruck.

**Beispiel 3**

Der *Bienenkorb* wird aus 2 Platten vom Format 6 × 57 cm mit Dochtstärke 8 gefertigt. Natürlich kann man auch eine Platte der Größe 12,5 × 57 cm in der Mitte längsteilen.
Die Kerze sollte mit einer schönen runden Spitze gerollt werden, damit der Korb seine richtige Form erhält.
Wir brauchen 5 lange Streifen, gut 2 Zellen breit. Das Wachs muß durchgewärmt und geschmeidig sein.

Wir fangen oben an, legen einen engen »Kragen« um den Docht, wobei der Anfang des Streifens leicht nach unten weist und bei der nächsten Wicklung verdeckt wird. Nun wird der ganze Streifen wie bei einer Schnecke im Kreis herumgewickelt. Die Wicklungen überlappen etwas. Ist der Streifen zu Ende, wird der nächste angesetzt, bis die gesamte Kerze umwickelt ist.
Für das Flugloch wird nachträglich mit dem Messer auf der 1. Runde, die enger wird, ein kleines Stück des Streifens herausgeschnitten. Fertig ist der Bienenkorb.

## Beispiel 4

Nun möchte ich als neue Form das Viereck einführen. Mit ihm bekommt die Kerze einen Bauch.

Die Grundkerze ist eine klassische Bienenwachskerze. Wir benötigen 2 Streifen der Dicke 1½ und je einen der Dicke 2, 2½ und 3½. Die Vierecke haben eine Kantenlänge von 4½ Zellen.

Das Kreuzmuster nimmt nur knapp die obere Hälfte der Höhe ein. Dafür wird das Rund der Kerze wieder geviertelt. 1 Streifen der Stärke 1½ müßte für alle 4 Kreuze ausreichen.

Erst werden die 4 Diagonalen geklebt, um die Einteilung in Viertel zu erhalten. Die Zierstreifen sind etwa 6 cm lang. Man wird sich nicht so genau an die auf der Kerze vorgegebene Schräge halten können.

Der 2. Schritt ist, 4 ebensolche Streifen kreuzweise darüberzukleben. Der obere Abschluß ist auch ein »1½«, die untere Begrenzung erfolgt mit einem »2er«. Er sollte möglichst waagerecht an der Zellprägung der Kerze entlanglaufen, damit sie nachher nicht schief aussieht, und trotzdem die Kreuzenden abdecken und dadurch begradigen.

Als nächstes wird der Fuß gefertigt. Die 1. Runde macht der »3½er«. Darauf folgt der »2½er« und als letztes noch ein »1½er«. Alle Streifen schließen mit der unteren Kante der Kerze ab. Ein massiver Fuß ist entstanden.

Der Bauch wird nun in den verbliebenen Zwischenraum geklebt, wobei er nicht genau in der Mitte, sondern etwas tiefer angesetzt wird. Wir schneiden die Quadrate aus 4½er-Streifen. Ich habe 14 Vierecke verwendet, es könnten aber auch ein paar mehr sein.

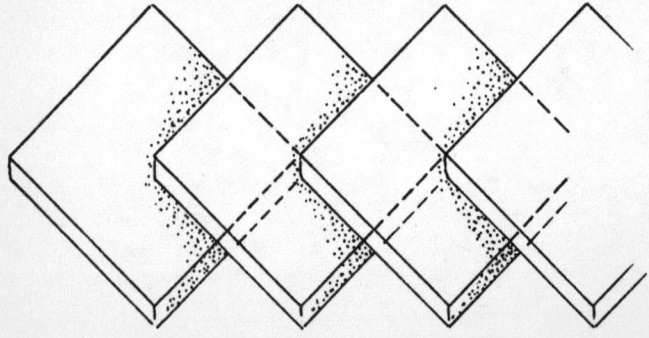

Sie werden nacheinander hochkant und überlappend, aber erst einmal noch nicht allzu fest, aufgedrückt.

Der Anfang muß noch zu lösen sein, damit das Ende der Runde untergeschoben werden kann. Ist sie fertig, umfaßt man die Kerze mit beiden Händen und drückt die Vierecke gut fest. Eine leichte Wölbung nach außen, der Bauch ist entstanden. Unsere erste *Bauchkerze* ist fertig.

**Beispiel 5**

Der Bauch dieser Kerze ist aus Dreiecken gefertigt. Er wird flacher als der aus Vierecken gemachte Bauch. Ein Dreieck hat eben nur halb soviel Wachs wie ein Viereck. Er wirkt dadurch zierlicher und ist deshalb für schlanke, hohe Kerzen gut geeignet.
Die Kerze ist wieder aus 3 Mittelwänden Normalmaß gerollt, Dochtstärke 8.
Die Diagonalen sind aus knappen 1er-Streifen, der Schräge des Zellmusters der Kerze folgend, angedrückt.
Die Streifen der Abschlüsse sind etwas dicker. Der Einzelring zur Unterteilung ist nochmals ein wenig dicker gewählt. Das obere Muster ist 4 cm, das zweite 5 cm breit.

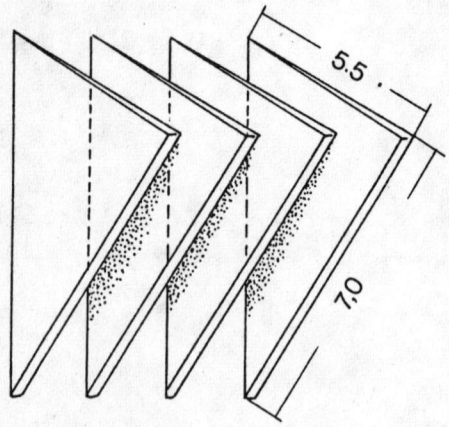

Die Dreiecke sind nicht aus Quadraten, sondern aus Rechtecken (5½ × 7 Zellen) geschnitten. Es lassen sich aber genausogut Quadrate teilen. Die kürzere Seite, 5½, ist immer oben, die längere unten. Es sind 23 Stück, die diesmal von rechts nach links in der Runde geklebt werden. Die Mittelspitzen weisen nach rechts.
Der Fuß wird wie in Beispiel 4 angefertigt.
Mit solch einem flachen Bauch lassen sich auch spitz gewendelte Kerzen (aus einer diagonal durchgeschnittenen Normalmaßplatte gerollt) sehr hübsch verzieren. Die untere Spitze der Platte wird dafür abgeschnitten, damit der Bauch gleichmäßiger wird.

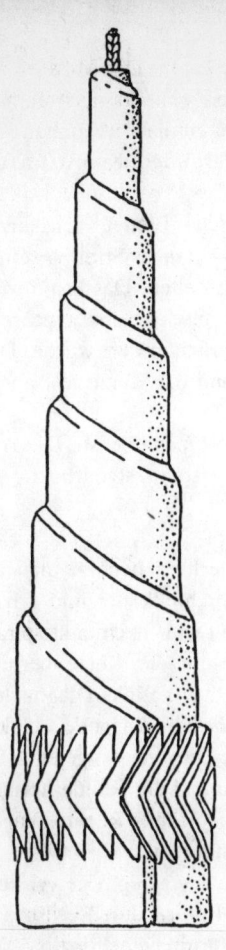
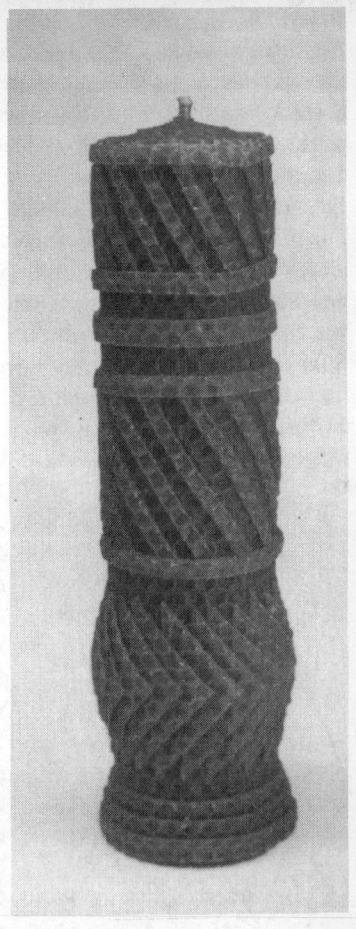

Es werden Quadrate der Größe (5 × 5 Zellen) geteilt und knapp über dem Fuß der Kerze dicht bei dicht zu einem flachen Bauch zusammengefügt. Die Wendeldrehung wird mit einem ½ Zellenstreifen, der schräg aufgesetzt wird, überklebt. Die Abstufungen sind dadurch etwas abgeflacht.

Diese Kerze wirkt in einem schlichten Leuchter sehr nobel. Sie erinnert auch an Kirchenkerzen, wie z. B. für die Kommunion.

**Beispiel 6**

Auf den ersten Blick wird der Betrachter sagen: Das Muster hatten wir doch nun zur Genüge! Aber dann sollte er noch einmal genauer hinschauen. Das Rhombusmuster ist nicht übereinandergelegt, es ist geflochten. Das Flechten erfordert Konzentration und etwas Fingerfertigkeit.

Es handelt sich wieder um die klassische Bienenwachskerze. Für das Flechtmuster benötigen wir 4 lange Streifen einer 12,5 × 57 cm-Platte in der Breite von 1½ Zellen. Das Rund wird erst mit Diagonalstreifen geviertelt und anschließend geachtelt, wie es bei der 1. Zierkerze bereits ausführlich erklärt wurde. Die Streifen werden aber nur am oberen Rand der Kerze fest angedrückt, sonst hängen sie frei.

In der entgegengesetzten Richtung verfährt man ebenso. Die Anfänge dieser Streifen werden auf die der ersten festgedrückt.

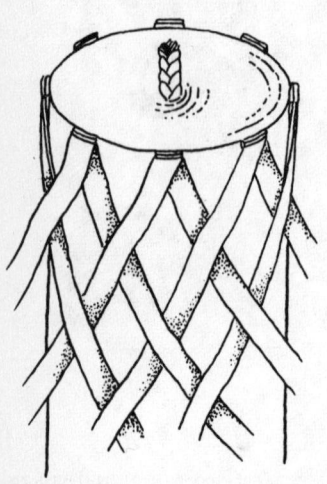

Das Flechten beginnt man an der Abschlußkante und arbeitet von rechts nach links spiralförmig um die Kerze herum. Die »Rechts-Links-Diagonale« wird *über* die folgende »Links-Rechts-Diagonale« gelegt. Ist man einmal die Runde herum, wird die »Links-Rechts-Diagonale« über die »Rechts-Links-Diagonale« gelegt. Sie verläuft diesmal *unten* durch. Also das ganz normale Prinzip des Flechtens.

Die nächste Runde ist wieder wie die erste, und so verfährt man abwechselnd, bis man am Fuß der Kerze angelangt ist.

Überstehende Enden werden abgeschnitten oder abgeknipst. Die Streifen müssen schön geschmeidig sein. Wenn einer mal abreißt, setzt man ihn geschickt wieder an.

Ist das Flechten beendet, wird die Kerze in beide Hände genommen und das Muster fest angedrückt. Ein »1er« verdeckt oben und ein »2½er« am Fuß die Ansätze.
Eine schlichte Verzierung, die es in sich hat.

## Beispiel 7

Hier habe ich mit Hilfe von Streifen die Grundkerze (3 Platten Normalmaß) in eine viereckige Zierkerze verwandelt. Wieder wird das Rund geviertelt, wobei mit dem Bekleben der Zwischenräume begonnen wird. Ein bißchen Abstraktionsvermögen und Augenmaß ist gefordert.

Als erstes schneidet man sich einige »1er« zurecht. Vom Kerzenrand aus beginnend, klebt man »abgeflachte« Kreuze senkrecht untereinander in den 1. Zwischenraum; ebenso in den gegenüberliegenden, den 3. Zwischenraum. Die Enden können ruhig zu lang und unregelmäßig sein, sie werden ja später verdeckt. Man kann sich hierbei *nicht* nach der Zellprägung der Kerze richten. Bei den beiden anderen Zwischenräumen setzt man etwas tiefer an, etwa auf der Hälfte der zuerst geklebten.

Um die Ecken zu machen, brauchen wir je 4 »4er«-, »2½er«- und »1er«-Streifen von 20 cm Länge, also Normalmaßbreite. Diese werden von breit nach schmal (also 4–2½–1) auf unsere gedachten 4 Ecken geklebt. Eine Ecke verdeckt die Abschlußkante der Grundkerze. Die Kreuzenden verschwinden ebenfalls unter den Streifen. Die ehemals runde Kerze ist viereckig geworden.

In die leeren Rhomben, die durch die abgeflachten Kreuze entstanden sind, wird nun je 1 Quadrat, das noch ein kleineres auf der Mitte hat, gedrückt. Das große Quadrat hat bei mir eine Kantenlänge von 2½ Zellen, das kleine von 1 Zelle.

Die Seiten des Vierecks laufen natürlich nicht parallel mit den Kreuzdiagonalen. Dadurch wirkt die Kerze lebendig, nicht so geometrisch korrekt.

Als letztes wird oben ein »1½er« als Abschluß angebracht. Der Fuß ist erst mit einem »2½er« und anschließend einem »1er« umwickelt.

Fertig ist unsere erste viereckige Zierkerze.

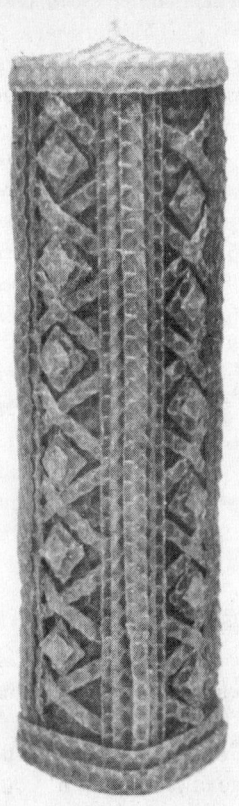

## Beispiel 8

Das ist auch eine viereckige Kerze, die eigentlich rund ist. Diesmal entstehen die Ecken durch dicht und überlappend aufgedrückte Quadrate.

Wir schneiden uns einige »2½er« zurecht und legen uns daraus erst einmal einen anständigen Vorrat Quadrate – etwa 96 – an.

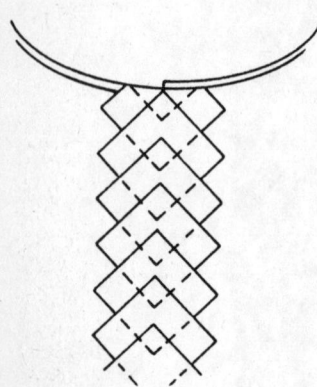

Nun wird eine klassische Bienenwachskerze geviertelt. Wir beginnen mit der 1. Ecke auf der Abschlußkante der Kerze und arbeiten von oben nach unten. Ein Viereck nach dem nächsten wird dicht aufeinandergeklebt und festgedrückt. Wir sehen sofort, wie sich die Ecke herausbildet.

Anschließend werden die gegenüberliegende Ecke und darauf die beiden noch fehlenden gefertigt.

Beim nächsten Schritt schneidet man einige ganz dünne Streifen zurecht, um die Zwischenräume zu verzieren. Dabei ist es nicht schlimm, wenn sie reißen, da nur kurze Stücke benötigt werden. Wenn man nun die Höhe drittelt, müssen die Abschlüsse oben und unten sowie die Musterunterteilungen berücksichtigt werden. Die Muster selbst sind etwa 3 cm hoch. 5 dünne Streifchen laufen von Ecke zu Ecke.

Ebenso wird das untere Fach verziert. Beim mittleren Fach müssen die 2 senkrechten Streifen so angebracht werden, daß sie, wenn die Kerze fertig ist, das Fach dritteln.

Die Musterunterteilung ist ein kurzes Stück »1er«, das die Enden der senkrechten versteckt.

Der gegenüberliegende Zwischenraum wird genauso verziert, während bei den beiden anderen umgekehrt vorgegangen wird. So wird die Verzierung durch einen kleinen Trick abwechslungsreich.

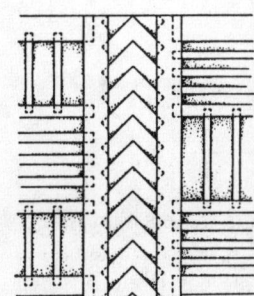

Mit senkrechten »2ern« werden die Enden des Musters sowie die Ecken der Ecke versteckt. Von den Quadraten, die die Ecke der Kerze bilden, ist nunmehr nur noch eine Spitze zu sehen.
Die Abschlüsse oben und unten sind auch jeweils aus einem »2er« gefertigt. Der Fuß ist zusätzlich mit einem »½er«, der nicht ganz mit der unteren Kante der Kerze abschließt, verziert.
Wir haben eine elegante, viereckige Bienenwachskerze.

## Beispiel 9

Die *hohe Kerze* ist keinem sich wiederholenden Muster unterworfen. Die Streifen haben alle verschiedene Breiten und sind nach meinem optischen Empfinden angeordnet; teilweise eng, es gibt aber auch fast leere Stellen. Einige breite Stellen sind noch mit einem schmalen Streifen verziert. Sie kommen von oben oder unten, mit einer Spitze nach rechts oder links, geradeso, wie es gut paßt.

Die Kerze ist aus 3 Platten Normalmaß gerollt, die jeweils um 4 cm gekürzt sind. So beträgt ihre Höhe nur 16 cm.

Die *klassische Bienenwachskerze* ist wieder mit geometrischen, sich wiederholenden Motiven verziert. Hier spielen Ecken, Quadrate, Rhomben und Dreiecke ineinander. Das Mittelband ist in Kassettenart geformt. Die Quadrate und die Dreiecke sind aus der gleichen Streifenbreite gefertigt.

Das Quadrat ist noch durch ein etwas kleineres erhöht. So kann man Höhen und Tiefen erzeugen, die Schatten werfen und die Kerze wieder ganz anders erscheinen lassen.

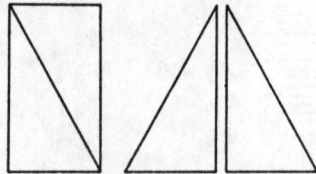

Die steilen Dreiecke, die vom Fuß aufwärts weisen, sind jeweils aus 2 Teilen zusammengesetzt. Aus einem relativ schmalen Band schneidet man Rechtecke in der Höhe, die das Dreieck haben soll. Das Rechteck wird diagonal geteilt, und die so erhaltenen Dreiecke werden zusammengefügt. Für das steile Grunddreieck wird ein »3½er« verwendet, und in der Höhe von 5 Zellen werden die Rechtecke abgeschnitten. Das entspricht geradeso dem Umfang.

Die optische Wirkung der beiden Kerzen ist gegensätzlich; die kleine unruhig, die große ruhig. Manch einer findet auch die große langweilig, die kleine hingegen lebendig.

**Beispiel 10**

Zu guter Letzt möchte ich noch 2 Experimentierstücke vorstellen. Beide sind aus jeweils 2 Platten vom Format 12,5 × 57 cm gerollt.

Die *rechte Kerze* ist mit aus hohen Rechtecken geschnittenen Dreiecken verziert. 3 solcher Bänder umwinden sie. Die Aufteilung ist nicht sehr günstig. Man hat den Eindruck, die Kerze sei leicht schief, es fehlt ihr an optischer Standfestigkeit. Für mein Gefühl keine gelungene Verzierung.

Die *linke Kerze* ist ein Versuch, Ornamente aus den bisher behandelten Elementen der Verzierung zu entwickeln. Die Sterne sind sehr dick und knubbelig, so habe ich ihnen einen massiven Fuß aus 4 abgestuften Streifenbreiten entgegengesetzt.

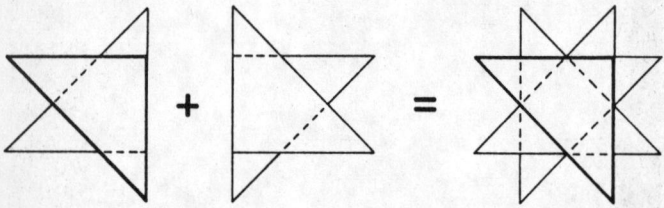

Der Stern setzt sich wie folgt zusammen: 4 Dreiecke sind aus Quadraten mit der Seitenlänge »4« zurechtgeschnitten. Sie werden in einer bestimmten Weise (siehe Abb.) übereinandergelegt und festgedrückt. Obendrauf kommt zum Verdecken noch ein auf die Spitze gestelltes Quadrat (knapp 3 lang) das wiederum durch ein kleines Quadrat (gut 1) verziert ist.

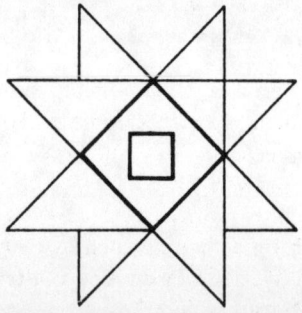

Nun wünsche ich allen Bastelfreunden viel Freude und Ideen beim Entwerfen von eigenen Mustern. Diese Bastelanleitungen können dazu leicht abgewandelt oder mit den gezeigten Zierelementen völlig neue Kombinationen entwickelt werden.
Es gibt so unendlich viele Möglichkeiten, die nur darauf warten, entdeckt zu werden. Mit den kleinen Ausstechförmchen für Käsegebäck können z. B. ganz andere Formen ausgestochen und an-

geordnet werden. Man sollte nur darauf achten, die Proportion der Kerze zu wahren, damit sie nicht schief oder oben zu schwer erscheint. Verändert die Verzierung den Kerzenumfang stark, muß die nächsthöhere Dochtstärke gewählt werden.
Und nun viel Spaß!


## Kerzen gießen

Das Kerzengießen mit Bienenwachs ist weniger verbreitet als das Fertigen der Mittelwandkerzen. Der Grund dafür ist, daß Bienenwachs als Rohmaterial teurer ist als herkömmliche Gießwachsmischungen. Mit Wachs aus dem Handel für Imkereibedarf wird es bereits erschwinglich.
Eine gegossene Kerze ist massiv, enthält also mehr Wachs und hat deshalb eine längere Brenndauer. Sie läßt sich, wenn ihr nicht schon die Gußform ein Muster gibt, auf vielerlei Art verzieren. Aber auch eine einfache, glatte Bienenwachskerze hat ihren Reiz und den herrlichen Duft!
Allerdings ist das Kerzengießen als Bastelei mit Kindern nicht empfehlenswert, da das Risiko, sich zu verbrennen, zu hoch ist. Auch die mögliche Kleckerei und die damit verbundene Arbeit des Saubermachens sollte man sich ersparen. Übersicht, Ruhe und Konzentration sind Voraussetzung. Nicht vergessen, die »Wichtigen Hinweise« auf Seite 43 nochmals genauestens durchzulesen und sich zu Herzen zu nehmen.

**Der Arbeitsplatz**

Die Küche ist der geeignete Ort zum Kerzengießen. Wir haben *2 Töpfe, 1 kleineren Wachstopf* und *1 größeren mit Wasser,* um den Wachstopf hineinzustellen. Die emaillierten Milchtöpfchen mit Tülle sind sehr praktisch zum Gießen und billig zu kaufen. Die *Topflappen* liegen griffbereit; wir selbst haben eine *Schürze* umgebunden oder nicht die feinsten Kleider an. In der Nähe des Herdes ist eine geräumige Arbeitsfläche, die vorsichtshalber mit *Pappe, Papier* (keine alte Zeitung; Druckerschwärze färbt ab, und verschüttetes Wachs kann ja immer wieder eingeschmolzen werden), *alten Tüchern* oder *Alufolie* abgedeckt ist. Eine Abstellmöglichkeit für den heißen Topf ist auch vorhanden.

**Die Gußform**

Als nächstes müssen die Gußformen bereitgestellt werden.
Einige Formen ergeben kunstvolle, komplizierte Muster, sie sind aus Metall, aufklappbar und mit einer Dochthaltevorrichtung versehen. Das ist natürlich sehr praktisch, ermöglicht zügiges Arbeiten, ist aber auf der anderen Seite eine sehr teure Anschaffung und rentiert sich nur für Kerzenherstellung im großen Stil. Die Bezugsquelle der Formen befindet sich auf Seite 114.
In Bastelläden sind neben Metallgußformen auch Plastikformen in verschiedenen Größen und Ausführungen erhältlich. Sie sind bei Dauergebrauch nicht so stabil, für den Hobbykerzengießer aber durchaus akzeptabel. Eine aufklappbare Plastikgußform mit Dochthaltevorrichtung ist auch hier vorteilhafter, aber teurer; eine einfache Form hingegen kostet etwa 10,– DM.
Außerdem eignen sich viele Gegenstände aus dem Haushalt zum Kerzengießen. Wichtig ist, daß das Material Hitze bis zu 100 °C verträgt und die Form ein späteres Herausnehmen der Kerze zuläßt. Sie darf also auf keinen Fall oben spitz zulaufen oder einen verengenden Rand besitzen. Es eignen sich z. B. Ausstechförmchen für Plätzchen aus Metall, alte Konservendosen, bei denen der obere Rand mit einer Blechschere abgeschnitten wurde, alte Medikamentenröhrchen aus Alu, aber auch Teile von Kunststoffrohren, kleine Plastikbehälter verschiedener Formen oder Tassen und Becher aus Steingut und Porzellan. Dem Ausprobieren sind keine Grenzen gesetzt. Am besten ist, man legt sich gleich eine ganze Sammlung zu, um sofort mehrere Kerzen auf einmal gießen zu können.
Es ist auch möglich, selbst Formen herzustellen, beispielsweise aus Gips oder Silikonkautschuk, einer elastischen Masse mit hoher Abformgenauigkeit. Wer Interesse hat, kann sich für Informationen an die im Anhang angegebene Adresse wenden oder sich entsprechende Literatur beschaffen.

**Folgende Regeln müssen immer beachtet werden:**
- Die Formen müssen unbedingt angewärmt sein! Bienenwachs reagiert sehr empfindlich auf Temperaturunterschiede. Ist die Form kalt, entstehen im Wachs Risse.
- Langsames Abkühlen ist ganz wichtig! Formen mit einem großen Umfang können mit einem Tuch umwickelt werden. Der Abkühlungsprozeß verläuft dann gleichmäßiger.
- Ein gutgeheizter Raum ist Voraussetzung.
- Zugluft und Erschütterung verträgt eine abkühlende Kerze nicht.
- Die Formen müssen sauber sein! Schmutz oder Wachsreste findet man als Abdruck auf der Kerze wieder, und sie können das Lösen aus der Form verhindern.

### Das Trennmittel

Bevor der Docht eingespannt wird, muß die Gußform sorgfältig mit Trennmittel eingestrichen werden, um die fertige Kerze später unbeschadet entnehmen zu können. Im Fachhandel für Imkereibedarf ist ein *spezielles Lösemittel in Pastenform* erhältlich, aber ganz normales *Geschirrspülmittel* leistet ebenso gute Dienste.

Am besten füllt man eine Schüssel oder ein Waschbecken mit handwarmem Wasser und macht mit genügend Spüli eine stramme Mischung. In diese Lösung werden die Formen gelegt. Dadurch werden sie vorgewärmt und gleichzeitig überall mit Trennmittel benetzt. Man muß beim Herausnehmen darauf achten, daß keine Seifenblasen in der Form sind. Sie verursachen Löcher in der Kerzenoberfläche. Mit einem feuchten und fusselfreien Lappen kann die Gußform noch einmal ausgewischt werden. Nicht trockenwischen!

Molke oder 1 Liter Kaffee mit 2 gehäuften Eßlöffeln Zucker sind althergebrachte Rezepte, die ebenso brauchbare Trennmittel sein sollen.

In manchen Büchern wird empfohlen, die Form mit Speiseöl auszupinseln. Ich habe damit schlechte Erfahrungen gemacht. Es trennt zwar ausgezeichnet, das Werkstück hat aber hinterher einen leichten Fettfilm, der sich unangenehm anfaßt und Schlieren

auf der Oberfläche hinterläßt, die schwierig zu entfernen sind.
An den Stellen, wo es zu dick aufgetragen war, greift das Öl das
Bienenwachs an. Es wird hell und schmierig. Also Vorsicht!
Besteht die Form allerdings aus rohem Holz, z. B. ein Spekulatiusmodel für einen Reliefabguß, eignet sich gleichmäßig dünn aufge-
tragenes Speiseöl besser als die Spülmittellösung, die ins Holz
einzieht und dann nicht mehr trennt.

**Das Befestigen des Dochtes**

Die Gußformen sind nun angewärmt und mit Lösemittel benetzt.
Jetzt muß der Docht eingezogen und befestigt werden.
Bei Formen *mit* Dochthaltevorrichtung ist es kein Problem. Die
Mechanik hält den Docht in der Mitte der Kerze fest. Wichtig ist,
daß er *straff* eingespannt wird und an der Kerzenspitze minde-
stens 1/2 cm Docht übersteht. Die passende Dochtstärke muß für
die Kerze gewählt und die Dochtrichtung beachtet werden. Die
Spitze des »V« im Webmuster zeigt auf den Fuß der Kerze (siehe
Seite 46).
Beim Kerzengießen muß man nicht unbedingt einen getränkten
Docht verwenden, da er sich beim Gießen mit Wachs vollsaugen
kann. Die Spitze wird dann nachträglich vorsichtig getränkt.
Für Gußformen *ohne* Dochthaltevorrichtung wird die Halterung
konstruiert. Dafür gibt es 2 Möglichkeiten. Die erste eignet sich
für Formen, in die ein Loch in die Mitte des Bodens gebohrt wer-

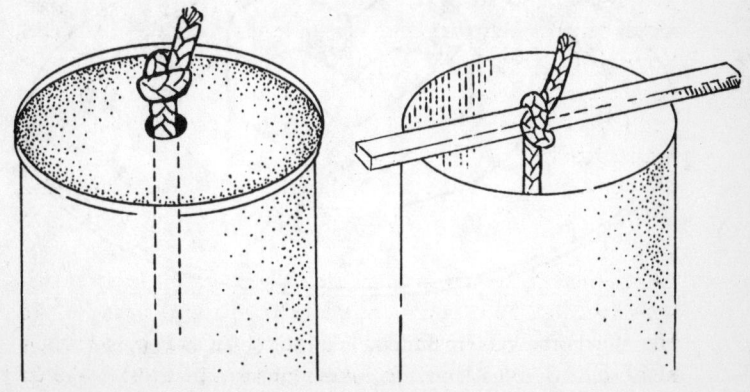

den kann. Eine alte Konservendose wird mit einem Büchsenöffner oder mit dem Dorn eines Taschenmessers gelocht, am besten von innen nach außen. Wird von außen nach innen gelocht, kann ein Grat entstehen, der dann entfernt werden muß.

Der Docht wird durch das Loch gefädelt und außen am Boden durch einen Knoten befestigt; eventuell noch mit Klebwachs abdichten.

Über die Öffnung der Dose legt man ein Stäbchen, z. B. einen Bleistift, an dem das andere Ende geknotet oder mit einer Klammer, einem Draht oder Klebwachs festgehalten wird. Der Docht muß straff in der Mitte der Form sitzen. Es ist günstiger, den Boden als Kerzenspitze zu wählen. Dochtrichtung beachten!

Da die Gußform durch den Dochtknoten am Boden schief und wackelig steht, stellt man sie auf eine zweite, im Durchmesser etwas kleinere Hohlform, wie z. B. ebenfalls eine Konservenbüchse, einen Becher oder einen aus einer Toilettenpapierrolle zurechtgeschnittenen Ring. So hat die Gußform Standfestigkeit und die gegossene Kerze wird gerade.

Die 2. Methode verwendet man bei Formen mit Boden, wo das Lochen unmöglich ist, z. B. Steinguttrinkbecher, und bei solchen ohne Boden, wie Ausstechförmchen und Kunststoffrohre. Hierbei ist die Kerzenspitze immer oben; die Spitze des »V« im Webmuster des Dochtes zeigt also nach unten.

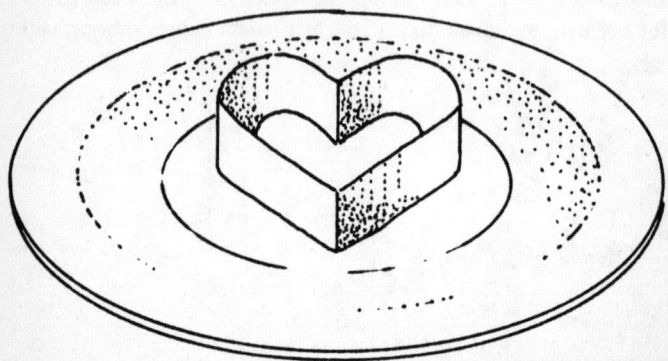

Hat die Form keinen Boden, muß sie einen bekommen. Man klebt sie z. B. mit Klebwachs auf ein kunststoffbeschichtetes Küchenbrett, stellt sie auf einen flachen Teller oder faltet aus Alufolie ein passendes Viereck mit Rand. Sie muß auf jeden Fall dicht mit dem Untergrund abschließen, sonst läuft das Wachs heraus. Und nicht vergessen, den Boden mit Lösemittel zu bestreichen.

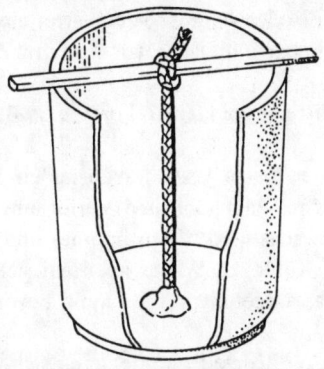

Der Docht wird mit Hilfe von Klebwachs, das in jedem Bastelgeschäft erhältlich ist, am Boden befestigt. Es gibt aber auch kleine dreibeinige Bleifüße, sogenannte Dochtständer, zu kaufen. Hierfür eignet sich der getränkte Docht sehr gut, da er von sich aus eine Festigkeit besitzt. Er muß trotzdem oben befestigt werden, weil er bei Berührung mit heißem Wachs zusammensackt und in der Kerze verschwinden würde. Dies geschieht auf die bereits beschriebene Weise. Natürlich sitzt er ebenfalls straff in der Mitte der Form. Den Docht einfach in die Gußform hängen, ist nicht möglich. Er wird schief und nicht bis auf den Boden reichen.

**Das Gießen**

In der Zwischenzeit ist das Wachs geschmolzen, die Hitze vom Herd wird nur noch zum Warmhalten benötigt. Es ist übrigens am besten, wenn das Bienenwachs zum Einschmelzen in kleine Stücke geteilt wird. Der Schmelzpunkt liegt bei 64 °C, die optimale Gießtemperatur ist 80 °C. Wer möchte, kann sich ein Thermometer besorgen. Man muß auf jeden Fall warten, bis das gesamte Wachs flüssig ist. Bildet sich am Rand des Topfes ein gelblicher Ring, wird das Wachs schon langsam kalt.

Das Ausgießen der Formen erfolgt in einem Zug, um eventuelle »Gußnahten« zu vermeiden. Hat die Form keinen eigenen Boden, empfiehlt es sich, zuerst nur so viel flüssiges Wachs hineinzugeben, bis der Boden bedeckt ist. Dann ist der Druck durch die Wachsmenge nicht so stark, und es quillt kein (oder nur sehr wenig) Wachs am Boden heraus. Man wartet einen kleinen Moment, bis es etwas abgekühlt ist, bevor die Form endgültig vollgegossen wird.
Eine Schöpfkelle ist nur bei kleinen Formen, z. B. Ausstechförmchen, sinnvoll.
Die Abkühlung der Kerze verläuft von außen nach innen und macht sich an der milchig-gelblichen Verfärbung bemerkbar. Je fester das Bienenwachs wird, desto brauner und durchscheinender färbt es sich. Kühlt das Wachs ab, zieht sich am Docht ein Loch hinunter, das aufgefüllt werden muß, bevor das Wachs erstarrt.
Beim Gießen dicker Kerzen empfiehlt es sich, beim Erhärten des Wachses noch einmal mit einer Stricknadel längs des Dochtes hineinzustechen. Dort bilden sich leicht Luftblasen, die auf diese Weise aufgepiekt und nachträglich mit Wachs aufgefüllt werden.
Hohlräume bewirken ungleichmäßiges Brennen.
Und wie bereits gesagt: Langsam abkühlen lassen, sonst reißt die Kerze! Bienenwachs schrumpft beim Erkalten. Doch ist die Schrumpfung zu gering, um ein vollständiges Ablösen aus der Form zu garantieren. Deshalb nie auf Trennmittel verzichten!

**Das Entnehmen aus der Gußform**

Eine schmale Kerze aus einer aufklappbaren Gußform kann man schon in halbfestem Zustand entnehmen. Sie muß ganz behutsam angefaßt werden, um sie nicht einzudellen, zu verbiegen oder das Muster zu beschädigen.
Da die Kerze noch warm ist, kann man mit einem sauberen, angewärmten Messer die Gußnähte, die bei jeder mehrteiligen Form entstehen, abschneiden und sofort glätten. Die Kerze wird zum endgültigen Erkalten vorsichtig auf einen geraden Untergrund gelegt. Kalte Luftzufuhr und Erschütterung vermeiden!

Die leere Gußform wird anschließend nach Wachsresten überprüft und gleich wieder in die Schüssel mit Spülmittellösung zurückgelegt. Sie ist fertig für die nächste Kerzenrunde.
Ist die Form nicht aufklappbar, wie z. B. die Konservendose, muß man warten, bis das Wachs vollständig erkaltet und hart ist. Hier ist Geduld erforderlich, unter Umständen bis zum nächsten Tag. Diese Kerze wird ganz vorsichtig am Docht aus der Form gezogen. Nicht vergessen, vorher den Knoten am Boden zu lösen!
Ist das Wachs noch zu weich, hat man nur den Docht in der Hand. Also Geduld!
Löst sich die Kerze nicht so einfach, kann man die Form auf dem Tisch aufklopfen. Notfalls muß man die Gußform samt Kerze kurz in heißes Wasser tauchen. Das Wachs am Rand schmilzt, und sie läßt sich herausziehen. Dabei leidet aber die Kerzenoberfläche ein bißchen.
Aus den Formen ohne Boden läßt sich die Kerze frühzeitiger und leichter entnehmen, da man nicht am Docht zu ziehen braucht. Der Boden wird gelöst, wenn nötig mit einem Messer. Nun drückt man die Kerze mit Gefühl aus der Form. Ein passender Gegenstand, wie z. B. eine leere Toilettenpapierrolle, eine schmale Flasche oder ein weiteres Stück Kunststoffrohr mit geringerem Durchmesser, kann das Herausschieben vereinfachen. Notfalls auch hier die Form nochmal erwärmen.
Hat man die fertige Kerze der jeweiligen Gußform entnommen, müssen unter Umständen noch Ausbesserungen vorgenommen werden, z. B. der Kerzenboden begradigt, ein Grat oder unerwünschte Abdrücke, die durch die Gußform entstanden sind – die Schweißnaht bei einigen Konservendosen z. B. –, entfernt werden. Hierzu wird die Kerze ebenso wie das Messer wieder leicht angewärmt. Mit etwas Geschick und Übung kann man »spurenlos« arbeiten.
Zu guter Letzt wird der Docht am Boden abgeschnitten, an der Spitze auf $1/2$ cm gekürzt und, wenn nicht schon geschehen, noch schnell getränkt. Die gegossene Bienenwachskerze ist fertig.

**Das Relief**

Nun müssen nicht immer Kerzen gegossen werden. Wie wäre es zur Abwechslung einmal mit einem Relief? So kann man dekorative Wandbilder und Muster zur Kerzenverzierung herstellen.
Reliefgußformen sind in Bastelgeschäften erhältlich. Sie haben einen erhöhten Rand und sind elastisch, so daß man sie vom erkalteten Abguß abziehen kann. Ein Spekulatiusmodel kann auch verwendet werden, doch muß man es erst mit einem aus Alufolie gefalteten Rand präparieren. Das Entnehmen des Abgusses aus dieser starren Form erfordert einiges Geschick.
Meine Erfahrungen möchte ich hier weitergeben. Das Bienenwachs muß noch halbflüssig sein. Den richtigen Zeitpunkt abzupassen ist die Kunst. Flache Stellen erstarren schnell und sind nicht mehr so elastisch, während dickere Partien noch innen mit flüssigem Wachs gefüllt sind. Durch das Hochbiegen des Abgusses entstehen Spannungen, die das Wachs zum Reißen oder Aufplatzen bringen können. Zum Erhärten wird das Relief auf einen flachen Untergrund gelegt.
Will man es an die Wand hängen, legt man in das noch flüssige Wachs eine Aufhängevorrichtung, z. B. eine Strippe.

In das erkaltete Relief läßt sich mit Hilfe einer heißen Stricknadel noch ein Loch bohren. Anschließend wird es dünn mit Klarlack überzogen, damit es auch schön abgestaubt werden kann.

Wer sehr viel künstlerisches Talent besitzt, fertigt sich ein Model nach eigenen Vorstellungen mit selbstentworfenen Motiven an. Neben Holzschnitzereien kann auch ein Linolschnitt den Zweck erfüllen. Bei der Anfertigung sollte darauf geachtet werden, daß die Höhen und Tiefen nicht zu unterschiedlich ausfallen, sonst entstehen beim Herausnehmen unnötige Schwierigkeiten.

Der Abguß von einem Linolschnitt kann als Kerzenmantel zur Verzierung einer glatten Kerze dienen. Dafür wird das fertige Musterband in handwarmes Wasser gelegt, bis es biegsam ist. Die Kerze wird vorher mit flüssig gemachtem Klebwachs bepinselt und mit dem Linolschnittabguß, der vorsichtig angedrückt wird, ummantelt. Die Kanten werden mit einem angewärmten Messer beschnitten und geglättet. So erhält man wunderschöne Zierkerzen, ohne teure Formen kaufen zu müssen.

Mit der bereits erwähnten Silikonkautschukmasse läßt sich von einem fertig modellierten Relief ein Abdruck nehmen. Von der so erhaltenen Form können dann beliebig viele Abgüsse gemacht werden. Praktisch hierbei ist, daß die Form wegen der Elastizität des Materials vom Guß abgezogen werden kann.

Eine Reliefgußform muß sehr gründlich mit Trennmittel benetzt sein. In jedem noch so kleinen Winkel muß es sitzen, damit der Abguß beim Herausnehmen nicht hakt und das Muster beschädigt wird.

In den Metallausstechförmchen für Plätzchen lassen sich hübsche Weihnachtsbaumanhänger gießen, die noch mit Knetwachs farbig verziert werden können. Das Zebra habe ich aus einer selbstgegossenen Platte mit der im Backofen erhitzten Form ausgestochen. Topflappen nicht vergessen! Die Anhänger erwärmen sich am erleuchteten Baum und erfüllen den Raum mit herrlichem Duft nach Bienenwachs. Aber Vorsicht in der Nähe der brennenden Kerzen, das Wachs kann schmelzen!

Die Anleitung und die Tips zum Gießen mit Bienenwachs gelten natürlich ebenso für andere im Handel erhältliche Wachsmischungen. Dabei ist zu beachten, daß es z. B. extra Reliefgießwachs oder Kerzengießwachs gibt, das für diese Bestimmung besonders geeignet ist. Sie sind unempfindlich gegen Temperaturschwankungen, was das Arbeiten sehr vereinfacht. Die Kerze kann sofort nach dem Gießen in kaltes Wasser gestellt werden – sie reißt nicht!

Beim Arbeiten mit Bienenwachs ist mehr Fingerspitzengefühl und Können gefragt.


## Kerzen ziehen

Die 3. Kerzenmachart ist das Kerzenziehen. Es hat bereits eine alte Tradition und war die erste Methode, Kerzen in Mengen herzustellen.

Auch hierbei ist die Küche der ideale Arbeitsplatz. Der Wachstopf ist hoch und schmal, damit man wachssparend auch lange Kerzen ziehen kann. Den Topf aber nie randvoll mit Wachs füllen! Er sollte unbedingt im Wasserbad stehen, da bei dieser Art der Kerzenherstellung leicht ein Tropfen danebengeht. Bienenwachs verdampft auf dem heißen Herd, was auf die Dauer Kopfschmerzen bereitet. Außerdem besteht Brandgefahr! So aber wird das Wachs vom Wasser aufgefangen und kann nach der Trocknung wieder eingeschmolzen werden.

Das Wasser darf nicht kochen, damit es nicht ins Wachs spritzt. Dies ist ebenfalls gefährlich, und die Wassertropfen hinterlassen in den Kerzen Hohlräume.

Der Docht wird um einiges länger als die beabsichtigte Kerze zugeschnitten und an einen langen Stab geknotet. Die Flammseite des Dochtes weist nach oben (für die Dochtstärke siehe Seite 46).

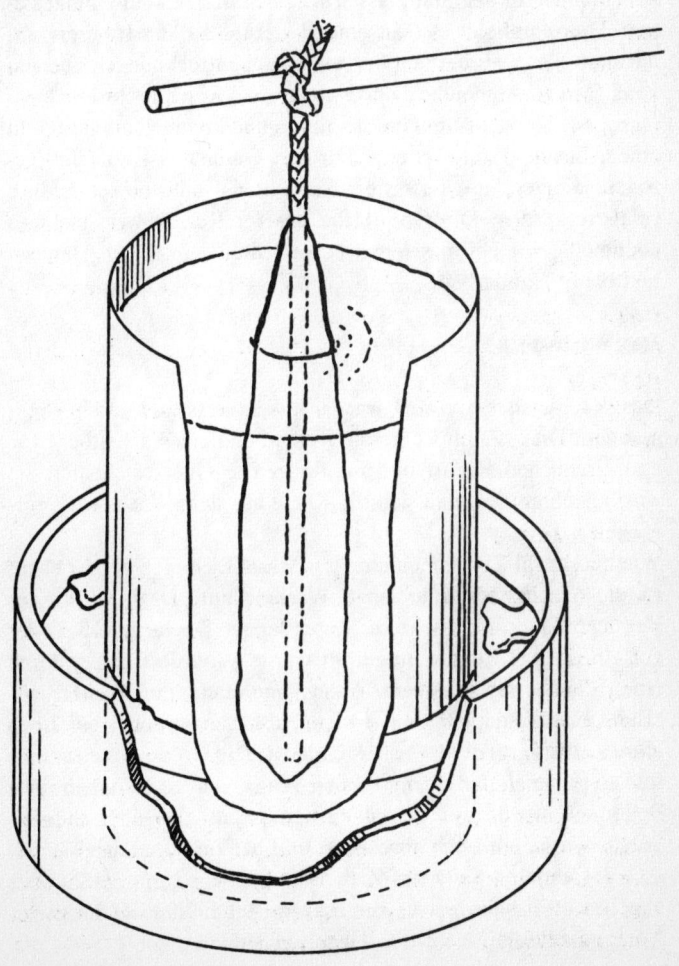

Nun wird der Docht kurz in das flüssige Wachs getaucht und anschließend etwas an der Luft getrocknet. Dieser Vorgang wird mehrmals wiederholt. Jedes neue Tauchen überzieht den Docht mit einer feinen Wachsschicht. Langsam wächst eine Kerze. Sie darf nur ganz kurz im flüssigen Wachs sein, damit sie nicht schmilzt. Sie soll ja dicker werden!

Nimmt man einen breiten Topf und knotet mehrere Dochte nebeneinander an den Stab, lassen sich viele Kerzen auf einmal ziehen. Hier empfiehlt es sich, eine Halterung zu konstruieren, auf der man den Stab bei den kurzen Zwischentrocknungen ablegen kann. Mit zunehmender Dicke werden die Kerzen schwerer!

Gezogene Kerzen laufen meist spitz zu und kommen am besten in einem Leuchter zur Geltung. Für den Weihnachtsbaum sind gezogene Kerzen am günstigsten. Sie sollten 1 oder besser 2 Jahre gelagert werden. Die Oberfläche unserer Kerzen wird nicht so ebenmäßig wie bei maschinell hergestellten sein. Doch Handarbeit bleibt Handarbeit!

**Der Wachsstock**

Das Wachszieherhandwerk war einst weit verbreitet und hochangesehen. Diese Zunft stellte die Kerzen und die Wachsstöcke für den kirchlichen Bedarf und für die reiche Oberschicht her. Es wird angenommen, daß sich die Kerze aus dem Wachsstock entwickelt hat.

Wie bereits im Zusammenhang mit Mariä Lichtmeß beschrieben, ist ein Wachsstock eine lange Wachsschnur. Dazu wurde aus Baumwollfäden ein mehrere Meter langer Docht gefertigt, der auf ein riesiges Zugrad aufgerollt wurde. Von dort lief er durch eine Wanne mit flüssigem Wachs und dann durch ein Zieheisen, eine Eisenplatte mit vielen Paßlöchern, wobei ein Loch immer etwas größer als das folgende ist. Die Größenunterschiede sind so minimal, daß sie mit bloßem Auge nicht zu erkennen sind. Begonnen wurde mit dem kleinsten Loch. Das überschüssige Wachs wurde am Loch abgestreift und lief zurück in die Wanne. Auf der anderen Seite des Zieheisens war ein 2. großes Zugrad angebracht, das die Wachsschnur aufwickelte. Nun lief der ganze Vorgang retour, indem das Zieheisen auf die andere Seite der

Wanne gestellt und das nächstgrößere Paßloch gewählt wurde. Bis zu 40 dünne Wachsschichten konnte ein Wachsstock erhalten, daher auch seine Elastizität.

Ein Wachsstock war eine beliebte Opfergabe, um die Heiligen zur Hilfe zu bewegen oder sich für ihre Gunst zu bedanken. So stifteten die Bürger von Riom in Frankreich im Jahr 1635 einen 2 km langen Wachsstock der schwarzen Muttergottes von Marsat und baten sie damit um Hilfe gegen die Pest.

Uns selbst ist es wohl kaum möglich, einen Wachsstock herzustellen, doch gibt es von der Firma Stockmar Bienenwachsstöcke in den Längen von 1 und 2 Metern zu kaufen. Im erwärmten Zustand kann man mit ihm die verschiedensten Gebilde formen, wie es im Mittelalter üblich war. Ansonsten gibt es dafür einen speziellen Halter – ein flacher Teller, auf dem der Wachsstock liegt, mit einem Bügel darüber.

Durch ein Loch in dem Bügel wird ein Stück der Wachsschnur hindurchgezogen und angezündet. Nur dieses Stück brennt ab und erlischt, wenn nicht mehr Wachsschnur nachgegeben wird.

Heute ist das ehrwürdige Handwerk fast ausgestorben. Neben der Firma Stockmar, die noch Bienenwachskerzen im Tauchverfahren herstellt, existiert nur noch ein weiterer Betrieb in München, die Wachszieherei Fürst. Dort werden ebenfalls Kerzen von Hand gearbeitet, meist für kirchliche Feierlichkeiten.

Die billigere industrielle Massenproduktion hat es zum Aussterben verurteilt. So arbeiten heute die Wachszieher in der Stearinkerzenindustrie an großen Maschinen, die nach dem gleichen Prinzip wie die Herstellung der Wachsstöcke funktionieren. Allerdings erhält die »Wachswurst« ihre Dicke in einem Arbeitsgang. Die Kerzenlängen werden sofort abgeschnitten; alles verläuft vollautomatisch.

## Modellieren und verzieren

Das Modellieren ist eine ganz andere Art, sich kreativ mit Bienenwachs zu beschäftigen. Die Formgebung ist frei, es eröffnen sich fast unbegrenzte Möglichkeiten der Gestaltung. Künstlerische Phantasie und die Fingerfertigkeit des Schaffenden bestimmen den Umgang mit dem Material. Das Wachsfigurenkabinett von Madame Tussaud ist wohl das berühmteste Beispiel für naturgetreue Nachbildungen. Das Wachs verleiht den Figuren die Lebendigkeit.

**Modellieren mit Bienenwachs**

Ich brauchte einige Zeit, mich mit 100 % Bienenwachs als Modelliermasse anzufreunden und zurechtzufinden. Aber dann hat es mir viel Freude bereitet, und ich bin mit dem Ergebnis recht zufrieden.
Zuerst machte ich die Erfahrung, daß es fast unmöglich ist, einen Klumpen Bienenwachs knet- und formbar zu bekommen. Zimmertemperatur und Handwärme reichten nicht aus.
Mein 2. Versuch bestand darin, Mittelwände zu kneten und daraus kleine Tierchen zu formen. Das ging schon besser, obwohl ich es anstrengend fand, so lange zu kneten, bis die Zellenstrukturen verschwunden waren.
Auf der anderen Seite könnte gerade diese Prägung bei einer frei entworfenen Plastik interessante Gestaltungsmöglichkeiten eröffnen. Für die Kinder war es aber immer noch zu fest zum Modellieren.
So begann ich, das Wachs einzuschmelzen und mir auf einem Teller Platten von etwa 5 mm Stärke zu gießen. Doch dieser Versuch ergab nicht das erhoffte formbare Ergebnis. Die Konsistenz des Wachses veränderte sich beim Erkalten zu einer krümeligen und klebrigen Masse.
Mein letzter Versuch brachte mich einer befriedigenden Lösung schon wesentlich näher. Ich goß möglichst dünne Platten, die ich zuerst ganz abkühlen ließ und später am Ofen wieder gleichmäßig erwärmte.
Das ging schon sehr viel besser, obwohl ich feststellen mußte, daß Handwärme allein nicht ausreiche, eine größere Menge Wachs modellierfähig zu halten. So blieb mir nichts anderes übrig, als in der Nähe des heißen Ofens zu arbeiten. Auf diese Weise entstanden der Schäfer (Seite 96) und die Blume (Seite 95).
Die Blütenblätter ließen sich gut aus den Platten ausschneiden und dann formen. Waren sie fertig, legte ich sie wieder in die

Nähe des Ofens zurück, um sie warm zu halten. Als alle Einzelteile fertig modelliert waren, fügte ich sie zusammen, indem ich die Andruckstellen mit sehr geschmeidigem Bienenwachs verschmierte. Auch für den Mantel und die Beine des Schäfers eigneten sich die Platten ausgezeichnet. Allerdings Feinheiten, wie Gesicht, zierliche Figürchen oder Ornamente, wollten mir immer noch nicht von der Hand. Das Wachs war nicht geschmeidig genug.

Ich fand auch für dieses Problem eine akzeptable Lösung – das Wachsband. Es handelt sich dabei um das für die Mittelwandproduktion in der Vorwalze hergestellte Band. Es ist einen knappen ½ cm dick und durch das Walzen wunderbar geschmeidig. Mit dem nötigen Fingerspitzengefühl kann man sehr viel feiner damit arbeiten. Das Wachsband ist allerdings nur beim Mittelwandproduzenten erhältlich.

Nachdem ich diese Erkenntnisse gewonnen hatte, wußte ich, welche Möglichkeiten und Grenzen sich bei 100%igem Bienenwachs in der Gestaltung ergeben. Jedes Material hat seine bestimmten Eigenschaften, die bei der jeweiligen Verwendung berücksichtigt werden müssen und dem Gegenstand seine Funktion und sein Erscheinungsbild verleihen. Wenn man sich an diesen Gegebenheiten orientiert, bereitet das Modellieren mit Bienenwachs viel Freude. Man wird lernen, den Reiz und die Schönheit auch in einfacheren, gröberen Formen zu entdecken.

Abschließend möchte ich noch an 2 Eigenschaften von Bienenwachs erinnern: Das Kunstwerk sollte nicht an warmen Stellen oder in der Sonne stehen. Das Wachs wird weich, die Figur sackt zusammen oder verformt sich. Außerdem ist die Färbung nicht lichtbeständig. Je nach Lichtverhältnissen am Standplatz bleicht das Wachs über die Jahre aus.

**Modellieren mit Knetwachs**

Eine Alternative stellt das Knetwachs dar. Knetwachs ist eine spezielle Wachsmischung mit einem geringen Anteil Bienenwachs. Bei Zimmertemperatur gelagert, erreicht es schon durch die Handwärme eine extreme Geschmeidigkeit und Formbarkeit, die auch während des Arbeitens erhalten bleibt. Deshalb ist es auch besser für Kinder geeignet. Es läßt sich hauchdünn auskneten und erweitert damit das Spektrum der Gestaltungsmöglichkeiten gegenüber dem Bienenwachs erheblich.

Das Modellieren erregt die künstlerische Phantasie des Kindes, hilft, das Formempfinden zu entwickeln, und übt die Fingerfertigkeit. Kinder basteln mit Begeisterung Krippenfiguren, Tierchen, Puppenstuben usw.; damit können sie anschließend gemeinsam spielen. Ältere Bastler können Blumenkränze oder frei entworfene Plastiken und Figuren gestalten. Manch einer zieht das Arbeiten nach einer Vorlage vor.

Die leichte Formbarkeit von Knetwachs ermöglicht ein naturgetreues Nachmodellieren. Der leichte Glanz und die durch ihre

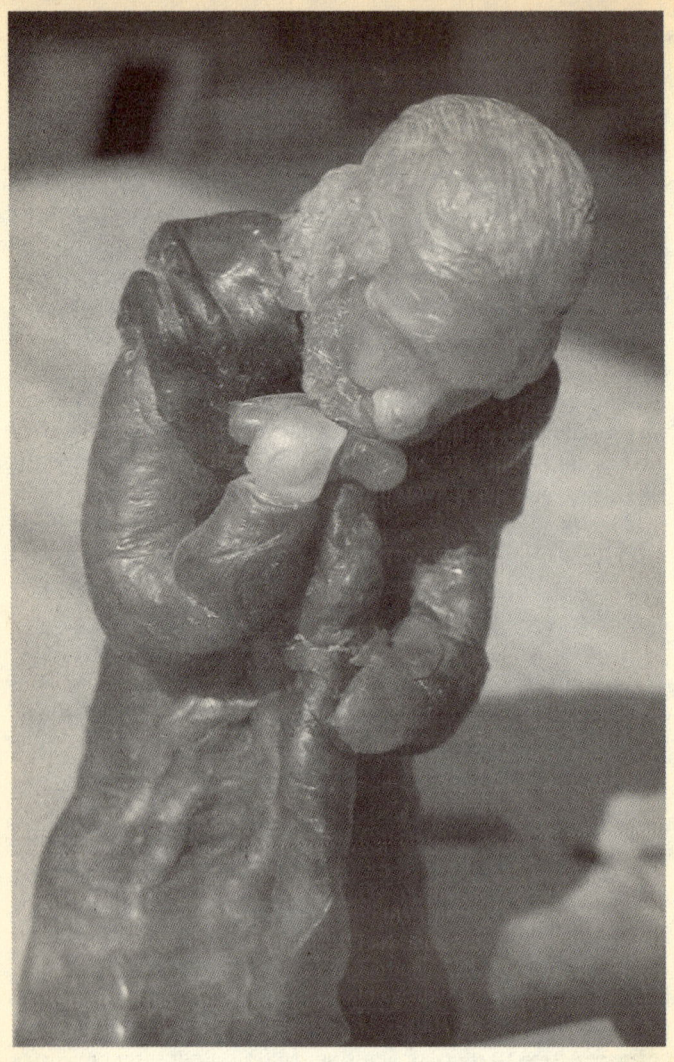

Transparenz leuchtenden Farben verleihen dem Geformten eine große Lebendigkeit. Die Farbtöne sind durch intensives Ineinanderkneten mischbar, auch marmoriertes Material kann sehr reizvoll wirken. Der alte Mann ist eine Leihgabe der Firma Livos und für mein Empfinden ein wundervolles Beispiel der Wirkung und Möglichkeiten, die Knetwachs bietet.

Das Geformte erhärtet, darf aber wie das Bienenwachs nicht größer Hitze oder Sonne ausgesetzt werden. Es läßt sich wie die normale Knete wieder benutzen. Dafür sollte man es in flache Platten kneten, weil diese später leichter zu erwärmen sind.

Ich habe festgestellt, daß Knetwachs sehr gut brennt. So kann man bunte Figuren, z. B. einen Frosch oder einen Fliegenpilz, formen und einen Docht mit einkneten. Das sind die Lieblingskerzen der Kinder. 4 geschmeidige Stränge geformt und um einen Docht geflochten, ergeben eine Kerze, wie sie in den 70er Jahren sehr modern war.

Als allgemeine Tips kann ich noch empfehlen, große Gebilde durch ein eingeknetetes Streichholz oder einen Blumendraht zu stabilisieren. Aufhänger werden ebenfalls von vornherein mit eingearbeitet und sollten am besten in dem Werkstück verankert

sein. Außerdem muß immer materialgerecht gearbeitet werden; Tiere z. B. brauchen dicke Beine für ihre Standfestigkeit.
Mit Klebwachs lassen sich einzelne Teile aneinanderkleben oder auf einer Ausstellungsplatte befestigen. Mit einer Stecknadel oder einem Stück Blumendraht geht es ebenfalls. Jeder wird selbst schnell feststellen, wie leicht sich Knetwachs verarbeiten läßt und welche Vielfalt interessanter Möglichkeiten es bietet.
Ich möchte noch einmal extra auf das Knetbienenwachs von Stockmar hinweisen. Es enthält 30 % Bienenwachs und entfaltet einen herrlichen Duft beim Modellieren. Die Firma Stockmar bietet ein ganzes Warensortiment für Wachsarbeiten an, Bienenwachs in Blockform, Wabenplatten, Dochte, Wachsfolien, Klebwachs, Knetwachs und sogar Batikwachs. Es werden nur giftfreie Farbpigmente benutzt, was diese Erzeugnisse so kinderfreundlich macht. Das Mera-Knetwachs der Firma Livos ist pflanzengefärbt und auch für das Basteln mit Kindern bestens geeignet. Beide Sorten halten einem Preisvergleich mit herkömmlichem Knetwachs stand.

**Das Verzieren**

Die modellierten Figuren, ob aus Knetwachs oder Bienenwachs, lassen sich noch verzieren, ebenso die glatten, gegossenen Kerzen. Ein *Modellierholz* ist sehr praktisch, um z. B. Höhen und Tiefen herauszuarbeiten, feine Linien und Punkte einzuritzen, die Oberfläche zu glätten oder zu strukturieren. Nicht alles ist mit den Fingern machbar.
Bei Bienenwachs kann ein hölzernes Modellierholz kleben, entweder taucht man es öfter in Lösemittel oder benutzt eines aus Plastik. Eine *Stricknadel*, ein *gebogener Draht*, ein warmes *Messer*, ein *Löffel* oder ein *Linolschnittmesser* sind Werkzeuge, die je nach verlangter Wirkung ebenfalls verwendet werden können. Ob das Werkzeug angewärmt oder kalt benutzt wird, erzielt bei Bienenwachs bereits eine unterschiedliche Wirkung.
Für eine Einlegearbeit macht man erst einen Entwurf auf dem Papier. Es muß beim Entwerfen darauf geachtet werden, daß zwischen den einzelnen Farbfeldern eine dicke Trennungslinie vorhanden ist. Diese Linie bleibt später als Grat stehen.

Nun paust man mit Hilfe von Butterbrotpapier die Umrisse auf die Wachsoberfläche. Man kann auch die Linien direkt nachfahren und so das Muster auf das Wachs durchdrücken.

Die Flächen, die farbig werden sollen, werden sauber mit einem Linolschnittmesser ausgehöhlt; die Linien bleiben als Grat stehen. Man muß sehr vorsichtig arbeiten, um nichts abzubrechen. Die entstandenen Vertiefungen füllt man mit gut weich geknetetem Knetwachs der gewünschten Farbe aus. Ein warmes Messer ist zum abschließenden Glätten hilfreich. Die fertige Arbeit hat wieder eine ebene Oberfläche. Es ist eine ziemlich knifflige Angelegenheit, die Geduld erfordert. Also lieber nicht gleich beim ersten Versuch zu komplizierte Ornamente entwerfen.

Natürlich können auch nur die Linien herausgenommen und dann mit einer Farbe aufgefüllt werden. Dunkelbraunes Knetwachs in Bienenwachs wirkt wie eine Zeichnung.

Zur Kerzenverzierung ist Knetwachs ebenfalls geeignet. Man kann kleine Blumenranken, Muster, sogar ganze Bilder formen und auf die Kerze drücken. Nur darf die Schicht nicht zu dick werden, sonst stimmt die Dochtstärke nicht mehr. Mit regem Eifer betätigen sich auch die Kleinsten dabei. Schnell ist auf diese Weise ein hübsches, persönliches Geschenk hingezaubert.

Wachsfolien sind farbige Wachsplättchen von 1 mm Stärke, die zum Verzieren von Kerzen vielleicht noch besser geeignet sind. Sie lassen sich genauso leicht wie Knetwachs formen und verarbeiten. Man kann jedoch auch einzelne Motive und Elemente ausschneiden. Dazu sollte die Wachsfolie Zimmertemperatur haben und auf eine feste Unterlage gelegt werden, z. B. ein kunststoffbeschichtetes Küchenbrett oder eine Glasplatte.

Die Formen werden mit einem Bleistift vorgezeichnet oder mit einer Nadel eingeritzt, anschließend mit einer Schere, einem spitzen Messer oder einer Rasierklinge ausgeschnitten und auf die Kerze gedrückt. Braucht man eine Form öfter, fertigt man eine Pappschablone an. Das Vervielfältigen ist kein Problem mehr.

In Bastelgeschäften gibt es sogenannte Cutter-Sets, die aus mehreren sehr kleinen Förmchen zum Ausstanzen einzelner Motive, z. B. Stern, Kleeblatt, Blume, usw. bestehen. Mit Hilfe eines gefederten Stempels wird das winzige Wachsornament aus dem Cutter herausgedrückt.

Für dicke Kerzen bieten sich die kleinen Ausstechförmchen für Käsegebäck an. Die Wachsfolie haftet ohne Schwierigkeiten. Klebwachs wird nur notwendig, wenn das Werkstück stärkeren Temperaturschwankungen ausgesetzt ist. Ansonsten reicht kräftiges Andrücken immer aus.

Eine gegossene Bienenwachskerze, beklebt mit Streifen, Motiven oder Ornamenten aus Mittelwänden zugeschnitten, sieht ebenfalls sehr reizvoll aus und birgt eine Vielzahl an Variationsmöglichkeiten. Sie kann aber auch mit einem Musterwachsband ummantelt werden wie auf Seite 89 beschrieben.

Ein *Tip* für die gleichmäßige Verteilung des Musters auf der Kerze: Um ihren Umfang festzustellen, wird sie mit einem passenden Papier umwickelt, das gleich für den Entwurf benutzt wird.

Eine weitere Verzierung für Reliefs, Dosen usw. sind auch Fremdstoffe, wie z. B. Sternchennudeln, Perlen, Gewürznelken, getrocknete Gräser und Blätter. Diese Dinge müssen mit Klebwachs befestigt werden und sind natürlich nicht als Kerzenverzierung geeignet.

Zu guter Letzt ist noch die Möglichkeit zu erwähnen, mit speziellen Wachsmalfarben zu verzieren – sie sind im Handel erhältlich. Als Malfläche bietet sich am besten gebleichtes Bienenwachs an. Ob der Charakter und die Funktion von Wachs und insbesondere Bienenwachs sich als Malgrund eignen, muß jeder für sich entscheiden. Das Bronzieren einer Bienenwachskerze mag da ausgenommen sein, weil sie eine alte Tradition in der Kirche besitzt.

Bei allen gefertigten Wachsgegenständen – ausgenommen Kerzen – empfiehlt sich ein Überzug mit Klarlack. Er garantiert eine längere Haltbarkeit und erleichtert das Staubwischen.

## Bienenwachs färben

Es ist möglich, Bienenwachs in allen Farbtönen einzufärben. Die ursprüngliche gelbbraune Färbung, durch Pollenöl hervorgerufen, ist nicht lichtbeständig und eignet sich auch nicht als Grundfarbe. Um klare Farben zu erhalten, empfiehlt es sich, gebleichtes Bienenwachs zu verwenden. Durch das Bleichen verliert es allerdings seinen angenehmen Duft; es wird neutral.

Weißes Bienenwachs kann kiloweise bei Livos direkt bezogen werden, oder man erhält es im Handel von der Firma Stockmar. Es ist nicht teurer als normales Bienenwachs.

**Das Bleichen**

Wer zu Hause einen sonnigen Platz am Fenster hat, bleicht am besten selbst. Dazu werden die Mittelwände einfach ausgebreitet und den Sonnenstrahlen ausgesetzt. Hin und wieder müssen die Platten gewendet werden. Mit Wasser besprüht, wird das Bleichen beschleunigt, da Wasser bekanntlich die Sonneneinwirkung intensiviert. Hat man einen guten Platz und Glück mit dem Wetter, ist das Wachs je nach Dicke der Platten schon nach etwa 10 Tagen ausgeblichen.
Ausgeblichene Mittelwände lassen sich ebensogut zu Kerzen rollen wie die anderen. Es muß nur darauf geachtet werden, daß sie nicht zu großer Hitze ausgesetzt sind. Sie verziehen sich, und die Zellprägung kann beschädigt werden. Staub und anderer Schmutz wirken sich später negativ auf das Brennen aus.
Wird das gebleichte Wachs zum Gießen verwendet, kann es zerkleinert der Sonne ausgesetzt werden. Die Oberfläche ist größer; der Prozeß wird beschleunigt. Die Teilchen werden gut ausgebreitet und durch mehrmaliges Rühren gewendet.

**Das Färben**

In Bastelläden gibt es zum Einfärben von Wachs extra Farbriegel in Gelb, Rot, Blau, Grün, Braun und Schwarz zu kaufen. Ein Riegel färbt 500 g Wachs und wird in das flüssige Wachs gegeben und gut durchgerührt. Abschwächung und Intensivierung der Farbe, also z. B. Rosa und ein kräftiges Rot, erreicht man durch entsprechendes Verändern der Wachsmenge.
Alle Farben sind untereinander mischbar, und so lassen sich sämtliche Mischfarben, wie Orange, Lila usw., herstellen. Es ist angebracht, sich mehrere Wachstöpfe, auch größere Konservendosen, für die einzelnen Farbtöne anzuschaffen. Nach der Giftigkeit der Farbpigmente sollte man sich genauestens erkundigen und dementsprechend bei Kindern aufpassen.

Bei der Firma Livos sind Pflanzen- und Erdfarben zu erhalten, die für das Einfärben von Wachs ebenso geeignet sind; sie sind ungiftig. Allerdings ist der Farbträger Chromoxid für Grün beim Abbrennen unter Umständen bedenklich; genauere Untersuchungen lagen leider nicht vor.

**Gießen einer Schichtkerze**

Mit verschiedenfarbigem Wachs lassen sich Schichtkerzen gießen. Es sind die gleichen Vorbereitungen, die für das Kerzengießen (siehe Seite 80 ff.) notwendig sind. Nur müssen mehrere Wachstöpfe im Wasserbad erhitzt werden.
Da der Gießvorgang länger dauert, trocknet die Spülmittellösung unter Umständen ab, bevor die Kerze beendet ist. So nimmt man vielleicht besser Speiseöl als Trennmittel, aber ganz dünn verstrichen. Man kann später versuchen, den Ölfilm von der fertigen, kalten Kerze mit Spülmittel abzuwaschen.
Die unterste Schicht wird in der gewünschten Höhe und Farbe in die Form gegossen.
Wenn sie etwas abgekühlt ist, d. h., wenn sich eine gummiartige Oberfläche gebildet hat, wird vorsichtig die nächste Farbschicht aufgefüllt. Das Wachs darf nicht zu heiß sein. So verfährt man, bis die Kerze fertig ist. Von der letzten Farbe muß noch ein bißchen zurückbehalten werden, um das sich am Docht bildende Loch aufzufüllen.
Für eine Schichtkerze muß man sich schon einige Zeit nehmen. Allerdings darf mit der folgenden Schicht nicht allzu lange gewartet werden. Das Wachs schrumpft beim Erkalten. Das neu aufgegossene, flüssige Wachs würde in den Zwischenraum von Form und kaltem Wachs laufen – und schon sieht die Kerze einfarbig aus.
Die Schwierigkeit besteht darin, den richtigen Zeitpunkt abzupassen, so daß die Farbschichten sich nicht untereinander mischen, die Kerze aber nicht durch zu hohe Temperaturschwankungen reißt. Ein leichtes Ineinanderlaufen kann wiederum interessant aussehen. Jeder wird mit der Zeit eigene Erfahrungen sammeln und Tricks entwickeln. Es empfiehlt sich, mehrere Kerzen auf einmal zu gießen.

**Malen mit Bienenwachs**

Bienenwachs selbst ist in früherer Zeit lange als Grundstoff für Farben und sogar Bootsanstriche verwendet worden.
Die Karthager benutzten im 3. Jahrhundert v. Chr. einen Bienenwachsanstrich, um ihre Schiffe abzudichten.
Jahrhundertelang blieb es ein Rätsel, wie es möglich war, das Bienenwachs so zu härten, daß es widerstandsfähiger gegen Hitze und Abreibung war. Nach vielen Jahren der Forschung fand sich schließlich das Rezept: Das Bienenwachs wurde mit Meerwasser aufgekocht. Der Salzgehalt bewirkt eine Verschiebung des Schmelzpunktes von 64 °C auf 100 °C. Dieses Wachs trägt den Namen *Punisches Wachs*.
Für die Malerei wurden die Farbpigmente ganz fein vermahlen und in flüssiges Bienenwachs gerührt. Die Farbschälchen standen auf kleinen Holzkohleöfchen zum Warmhalten. Spitze Mallöffel ermöglichten das Auftragen und Verreiben der Wachsfarben. Diese Art der Malerei heißt *Heißwachsmalerei* oder Enkaustik.
Die Farben besitzen eine Leuchtkraft und Klarheit, die das Alter der Gemälde verschweigen.
Das Bienenwachs wirkte sich auch konservierend aus. Die alten Griechen und Römer gebrauchten diese Malerei. Überreste davon sind heute noch an Hauswänden und auf Säulen zu bewundern.
Mit den Wachskreiden von Livos und Stockmar, die auch unter Verwendung von Bienenwachs hergestellt sind, läßt sich die Heißwachsmalerei nachvollziehen. Die Farben werden in *kleine Schälchen* abgerieben und auf dem Ofen erwärmt, bis sie flüssig sind. Der Farbauftrag erfolgt mit einem *Borstenpinsel*. Da die Farbschicht sehr dick wird, muß der Malgrund eine gewisse Stabilität besitzen, damit z. B. durch Biegen nichts abplatzen kann.
Eine ganz neue alte Technik der Malerei zur Abwechslung!

## Gestecke und Leuchter

Eine Kerze wird in den seltensten Fällen allein auf den Tisch gestellt. Entweder wird ein Kerzenhalter benutzt, oder sie bildet das Herzstück eines Gestecks. Hierzu möchte ich noch einige Tips und Ideen weitergeben, die speziell auf den Charakter der Bienenwachskerze bezogen sind.

Das kräftige Goldgelb des Bienenwachses wirkt in der Kombination mit dem dunklen Tannengrün besonders leuchtend. Zierkerzen finde ich persönlich nicht so passend in einem Gesteck. Sie bezaubern durch ihr Muster und kommen als Einzelstück mehr zur Geltung. Eine einfache oder gewendelte Kerze eignet sich besser. Sind mehrere Kerzen vorgesehen, erscheint das Gesteck aufgelockert und lebendig, wenn sie trotz Verschiedenheit eine erkennbare Gemeinsamkeit besitzen, z. B. gewendelte Kerzen unterschiedlicher Größen.

Im warmen und geschmeidigen Zustand lassen sich Bienenwachskerzen zum Befestigen ohne Probleme auf einen Dorn piken oder mit einem Blumendraht umwickeln. Damit sie in eine vorhandene Halterung passen, kann der angewärmte Kerzenfuß gut mit der Hand zurechtgeformt werden. Die Wärme reicht ebenfalls aus, sie auf einem Leuchter festzudrücken.

Goldschmuck als Dekoration wetteifert mit der Farbe des Bienenwachses und ist deshalb ungünstig. Selbstgebastelte Strohsterne und kleine Holzfigürchen machen sich dagegen sehr hübsch und entsprechen eher dem natürlichen Charakter.

Unser Adventskranz hat 4 dicke, abgelagerte Kerzen und ist nur noch mit 4 Schleifen aus rotem Geschenkband dekoriert. Tiefes Rot ist auch eine Farbe, die Bienenwachs sehr gut steht. Ein Gesteck mit Trockenblumen ist eine elegante Sommervariante.

Das Laufen des Wachses muß ebenfalls berücksichtigt werden, besonders, wenn die Kerzen enger beieinander stehen und so beim Brennen mehr Wärme entsteht. Leider passiert es häufig, daß sie dadurch schief abbrennen.

Gegen herablaufendes Wachs schützt man den Tisch, indem man das Gesteck auf einen Teller stellt oder eine hübsche Weihnachtsserviette aus Papier und nicht gerade das wertvollste Spitzendeckchen unterlegt. Wird das Wachslaufen von vornherein mit einge-

plant, bereitet es auch keinen Ärger. Außerdem die Dochtpflege nicht vergessen! Für die Entfernung von Wachsflecken siehe Seite 44.
Das gleiche gilt natürlich auch bei Kerzenleuchtern, und es empfiehlt sich, solche mit einem Auffangteller zu bevorzugen. Wir haben die dicken Bienenwachskerzen auf unglasierte Tontellerchen gestellt. Diese Untertassen von Teetassen sind preiswert, dezent und erfüllen ihren Zweck.
Eine »Kleckerburg« kann aber auch reizvoll aussehen. Über die Zeit bleicht das herabgetropfte Bienenwachs aus. Es ergeben sich viele Farbabstufungen, währenddessen das Gebilde wächst und ständig seine Form verändert. Unsere steht auf einem dicken Holzbrett.
Grundsätzlich ist bei der Auswahl des Kerzenständers auf das Verhältnis zwischen Kerze und Leuchter zu achten, d. h., eine dicke Kerze paßt nicht zu einem schlanken Leuchter, eine kleine verschwindet in einem massiven Halter.
Material und Farbe sind ebenfalls von Wichtigkeit. Glas bricht und reflektiert das Licht und verstärkt dadurch die Ausstrahlung einer brennenden Kerze. Naturmaterialien, wie z. B. Holz und unglasierter Ton, entsprechen dem Naturprodukt Bienenwachs ebenso wie die Farbe Braun. Messing ist dagegen farblich ungeeignet, zudem der Glanz des Leuchters das Wachs stumpf erscheinen läßt. Ist der Glanz vom Messing schon etwas verblaßt, ist es nicht mehr ganz so kraß. Heute wird ja viel mit Salzteig gebastelt, die ideale Möglichkeit, sich einen Kerzenhalter zu entwerfen, der die individuellen Bedürfnisse und Vorstellungen erfüllt.
Ich bin sicher, jeder wird für sich eine befriedigende Lösung finden, sein Meisterwerk gebührend zu präsentieren.

## Die Lagerung von Bienenwachs

Um das Thema Bienenwachs abzurunden, noch ein paar Worte zur Lagerung.
Bereits im Kapitel über die Wachsgewinnung habe ich darauf hingewiesen, daß Waben geklärt und in Wachsblöcke gegossen bes-

ser lagerbar sind. Das ist platzsparender, der Geruch von gereinigtem Bienenwachs ist angenehmer, und es wirkt sich günstiger auf eventuellen Schädlingsbefall aus.

Der Kerzenbastler interessiert sich selbstverständlich mehr für die Lagerung der Mittelwände und fertigen Kerzen. Ich kann das Ablagern nur empfehlen! Denn die Molekularstruktur von Bienenwachs festigt sich im Laufe der Zeit. Als Folge davon wird das Wachs immer härter; die Kerze brennt deshalb sehr viel langsamer ab.

In der Weihnachtszeit erhält man manchmal Mittelwände, die so frisch aus der Walze kommen, daß sie noch warm sind. Einer Kerze, aus diesen Platten gedreht, kann man zuschauen, wie sie herunterbrennt. Frisches Wachs neigt außerdem stärker zum Laufen. Nicht umsonst ist es ein alter Brauch, die Bienenwachskerzen für den Weihnachtsbaum ein Jahr im voraus zu kaufen. Nur zu viele Jahre darf das Wachs nicht liegen. Mit der Zeit wird es dann doch spröde, und der Geruch verändert sich.

Ein Großeinkauf beim Fachhandel für Imkereibedarf lohnt sich jedoch immer. Es wird billiger, und für eine neue Kerze ist immer Wachs zur Hand. Jederzeit läßt sich ein willkommenes Geschenk hinzaubern. Ergibt sich zufällig eine günstige Gelegenheit, fertige Bienenwachskerzen zu erstehen, kann man zugreifen und sich ohne Bedenken einen Vorrat anlegen.

Der ideale Lagerplatz ist trocken, dunkel und nicht zu warm. Die Mittelwände aus dem Fachhandel sind in blauem Lichtschutzpapier verpackt, um eine Farbveränderung durch Lichteinwirkung zu verhindern. Dieses Papier sollte unbedingt aufgehoben werden. Übriggebliebene Mittelwände werden sorgfältig darin eingeschlagen und waagerecht liegend in gut verschlossenen Kisten aufbewahrt. Für einfache Kerzen schlägt man die Kiste mit Lichtschutzpapier aus, legt die Kerzen gut gestapelt und gegen Wegrollen gesichert hinein und deckt oben mit dem Papier alles sorgsam ab, bevor der Behälter verschlossen wird.

Die Zierkerzen müssen auf jeden Fall einzeln eingepackt werden, nach Möglichkeit auch in Lichtschutzpapier. Jedoch nie Zeitungspapier verwenden, da die Druckerschwärze abfärbt und die Kerze ein schmuddeliges Aussehen erhält. So kann die Färbung nicht verblassen, und gleichzeitig ist das Wachs staubfrei gelagert.

Ich lagere die Mittelwände und Kerzen in alten Munitionskisten (friedliche Nutzung von Kriegsmaterial!). Sie haben genau die passende Größe für die von mir verwendeten Formate.

Vor Wachsmottenbefall braucht man sich nicht zu fürchten. Im allgemeinen ziehen diese Schädlinge die Waben vor, und ihre Nachkommenschaft wird bei der Reinigung des Wachses getötet. Anders sieht es mit den Mäusen aus. Sie knabbern schon gern mal das Bienenwachs an, und das ist ärgerlich. In einer Stadtwohnung wird sich dieses Problem von selbst erledigen, aber auf dem Dachboden oder im Keller ist doch Vorsicht angebracht. Bei mir auf dem Land haben sich die stabilen Holzkisten und eine gute Katze hervorragend bewährt. Pappkartons sichern nicht gegen Mäusefraß!

Die außerordentliche Haltbarkeit von Bienenwachs hat sich durch historische Funde bestätigt. So hat man auf dem Grunde des Mittelmeers noch dichtverschlossene Amphoren gefunden. Amphoren sind Tongefäße, die im Altertum zur Aufbewahrung und zum Transport für die unterschiedlichsten Waren benutzt wurden. Die Verschlüsse waren aus Bienenwachs. In Pyramiden fanden Archäologen Honig unter Wachsabschluß, der immer noch genießbar war. Grabbeigaben und Totenmasken drückten damals schon den Wert und die Kostbarkeit des Materials aus. Über Jahrtausende sind diese Kunstwerke erhalten geblieben.

## Zum Ausklang

Sind die vielfältigen Verwendungs- und Bastelmöglichkeiten von Bienenwachs nicht erstaunlich? Wir sollten den Bienen dankbar sein für ihre wertvollen Erzeugnisse und sehen, daß wir ihren und damit auch unseren Lebensraum nicht weiter zerstören. Das Waldsterben, die landwirtschaftlichen Monokulturen, Unkrautvernichtungsmittel und Insektizide erschweren zunehmend ihr Leben und die Arbeit der Imker. Das Totspritzen der Wildblumen an Feld- und Wegrändern, die ständige Überdosierung von Spritzmitteln und ihr Aufbringen bei herrlichstem Sonnenschein (von »bienenunschädlich« kann so keine Rede mehr sein!) hat verheerende Auswirkungen. Dadurch gibt es z. B. heutzutage für die Bienen nur noch kurze Sammelperioden, während es sich früher gemächlich über das ganze Jahr verteilte.

Sie läßt oft ihr Leben durch unseren unachtsamen Umgang mit der Natur. Trotzdem ist ihr Hauptprodukt, der Honig, von Schadstoffen frei. Der Nektar geht bei der Umwandlung zu Honig durch mehrere hundert Bienenmägen, so daß die Gifte herausgefiltert werden und sich in den Bienen anreichern. Der Honig aber ist rein. Sie haben auch Schutzmaßnahmen gegen zu starke Verseuchung des Volkes. Die Wächterbienen am Flugloch stechen die Bienen tot, die zu sehr vergiftet wurden.

Aber wir brauchen die Biene! Sie verrichtet die für die Befruchtung der Pflanzen so wichtige Blütenbestäubung, da sie als einziges Insekt bei einer Pflanzenart bleibt. Unser tägliches Gemüse und Obst wäre ohne ihre Hilfe nicht auf dem Tisch. Die Welt würde ohne sie versteppen.

Der lange, kalte Winter 1984/85 hatte extreme Folgen. Fast 50 % der Bienenvölker sind erfroren oder verhungert. Die Rapsbauern und Obstplantagenbesitzer standen daraufhin bei den Imkern Schlange, um sie zu bitten, ihre Völker bei sich fliegen zu lassen.

Wir alle können einen kleinen Beitrag für ihre Erhaltung leisten, indem wir unsere Hausgärten nicht mehr chemisch spritzen und einige Pflanzen wachsen lassen, die gute Bienenweiden sind, z. B. Boretsch und Ysop. Die Biene wird es uns mit Honig, Pollen und Wachs danken.

# Anhang

## Bezugsquellen

**Mittelwandfabrikation**
Wilfried Müller
OT Groß Süstedt
3111 Gerdau 3

M. Englert
Innere Sulzfelder Str. 16
8710 Kitzingen

**Fachhandel für Imkereibedarf**
O. Nageler
Dominicusstraße 41
1000 Berlin 62

G. Maschmann
Alte Meile 19
2090 Winsen-Sangenstedt

C.-H. Clar
Wandsbeker Chaussee 106
2000 Hamburg 76

Firma Wahle
Gartenstr. 10
2350 Neumünster

G. Buks
Brookdeich 146
2000 Hamburg 80

H. Holtermann
Scheesseler Str. 45
2725 Brockel

P. Grunwald
Dorfstr. 13
2059 Fitzen

I. Wilms-Rudolph
Beim kleinen Tagwerk 22
2800 Bremen

H. Schwarting
Langenweg 128
2900 Oldenburg

E. Mammen
Hooge Diehl 6
2960 Aurich 1 OT Walle

C. Röttger
Hirtenweg 6
3016 Seelze 2 OT Letter

W. Neumann
Moritzgraben 11
3057 Neustadt 2

H. D. Hahn
Eichenallee 6
3305 Veltheim-Ohe

W. Binder
Olenhuserweg 14
3400 Göttingen

H. Mettenheimer
Kübenborn 9
3544 Waldeck Hess. 3

R. Kahlenberg
Bohlweg 68A
4400 Münster 1

F. Hueske
Kleiststr. 6
4445 Neuenkirchen

F. Witte KG
In den Stämmen 11
4600 Dortmund-Wellinghofen

H. Amelunxen
Im lütgen Klosterkamp 9
4770 Soest

Honig Müngersdorff
An St. Agatha 37
5000 Köln 1

A. Melzer
Kalkuhlstr. 24
5300 Bonn 3

A. Renz
Hefel 32
5620 Velbert 1

M. Gänzler
Hüstener Str. 28
5750 Menden 1 Asbeck

Chr. Graze KG
Strümpfelberger Str. 21
7056 Weinstadt 2

E. Herzog
Postfach 146
7230 Schramberg

C. Koch
Hauptstr. 67
7603 Oppenau/Schwarzwald

Honig Müngersdorff
Post Ensdorf
8451 Leidersdorf/Oberpfalz

Marienberg-Waben
8700 Würzburg

C. Fritz                           Fa. Schießl & Sohn
8744 Mellrichstadt                 8928 Hohenfurch/Obb.
                                   Bahnstation Schongau

Geschäftsstelle des Deutschen Imkerbundes
Auf dem Grevel 12
5307 Wachtberg 3 (Villip)


**Metallgußformen**
W. Binder
Olenhuserweg 14
3400 Göttingen


**Silikonkautschuk**
Fa. Wacker Chemie
Postfach
8000 München 22
(Verkaufsstelle erfragen)


**Sonstige Adressen**
Fa. Livos
Neustädter Str. 23–25
3123 Bodenteich
(Knetwachs, gebleichtes Bienenwachs, Pflanzenfarben, Wachskreiden, Bienenwachspräparate zur Holzbehandlung)

Kerzenmanufaktur Ostheide
Annette Arnold
Varbitz 1
3111 Soltendieck
(handgearbeitete Qualitätsmittelwandkerzen)

# Sachregister

abkühlen 25, 82
Arbeitsplatz 42, 80 f., 90

Batikwachs 100
Baubiologie 30 f.
Bauchkerze 66 ff.
Biene 9, 11–24, 26 f., 33, 40, 109 ff.
- Ammenbiene 14
- Apis mellifica 12
- Arbeitsbiene 13
- Baubiene 14, 21
- Drohn 12
- Flugbiene 14
- Königin 12
- Putzbiene 14
- Sammelbiene 14
- Stockbiene 14
- Wächterbiene 110
- Wehrbiene 14
Bienenabstand 18
Bienenkorb 16 f., 29, 64
Bienenwachs
Bienenwachsgranulat 36, 39
Bienenwachskerze, klassische 66, 70, 76
Bienenwachsplatten 36, 38 ff., 50–55, 58, 60, 62, 64, 70, 72, 76, 78, 90, 94 f., 99, 108
Bienenwachspräparate 31 ff.
- Rohstoff 28, 39, 80
- Zahlungsmittel 9
Blume 94
Blumenkränze 97

Dampfwachsschmelzer 23
Deckelwachs 22 f., 27
Docht 36, 38, 41, 45–48, 50 f., 55, 64, 83–87, 90, 92, 99 f., 104
Dochtpflege 48, 107
Dochtrichtung 46, 51, 83 f.
Dochtstärke 46 ff., 50 f., 55, 57, 60, 62, 64, 68, 80, 83, 90, 101

Einlegearbeit 100
Enkaustik 105

Farbpigmente 36, 40, 42, 100, 103, 105
Farbriegel 103
Färbung 20, 33 f., 97, 102, 108
Fliegenpilz 99
Formatgröße 37 f.
Frosch 99
Fuß der Kerze 52 f., 66, 68–72, 74, 78, 83, 106

Gießtemperaturen 34, 85
Goldlack 30
Grabbeigaben 11, 109
Gußform 42, 80–90, 104

Heißwachsmalerei 105
Honig 11, 13, 17 ff., 22 ff., 109 ff.

Kerze
-, hohe 76 f.
-, viereckige 74
Kerzenmantel 89
Kerzenspitze 51 ff., 64, 83 f.
Klebwachs 43, 51, 59, 84 f., 89, 100, 102
Knetwachs 40, 42, 90, 97–101
Krippenfiguren 97

Mittelwand 18 f., 22 f., 25 ff., 33 f., 36–40, 46, 49–55, 57 ff., 68, 94, 102 f., 108 f.
Mittelwandkerze 46, 49, 53, 80
Model 88 f.

Ornamente 58, 95, 101 f.

Plastiken 97
Pollenöl 20, 22, 24, 33, 102
Puppenstuben 97

Schäfer 94 f.
Schmelzpunkt 34, 85, 105
Sonnenwachsschmelzer 23

Temperatur 20 ff., 26, 33 f., 43 f., 50
Tiere, kleine 94, 97, 100
Totenmasken 11, 109
Trennmittel 30, 82 f., 86, 90, 104

Verzierung 38, 58 f., 62, 71, 74, 78, 80, 88 f., 101 f.
– Diagonalstreifen 58, 62, 70
– Dreiecke 68, 76, 78
– Fremdstoffe 102
– Kreuzmuster 66
– Quadrate 68 f., 72, 74, 76, 78
– Rhomben 62, 72, 76
– Rhombenmuster, geflochten 70
– Ringe 62
– Sterne 78
– Streifen, senkrechte 62
– Vierecke 66, 68, 72, 74

Wabe 15, 17 ff., 21–25, 107
Wabenplatte 36, 50, 53, 55, 57, 100

Wachs
–, punisches 105
Wachsarten 33 ff.
Wachsband 26 f., 39, 55, 76, 96 f., 102
Wachsblüte 34
Wachsfigurenkabinett Madame Tussaud 94
Wachsfolie 36, 43, 100 ff.
Wachsmalfarben 43, 102
Wachsmalkreiden 30, 105
Wachspresse 23
Wachsschädlinge 19, 26, 109
Wachsschleuder 23, 25
Wachsschmelzen 23 ff., 39, 41, 43 f., 47
Wachsschwitzen 19
Wachsstock 29, 92 f.
Wandbilder 88
Weihnachtsbaumanhänger 90
Wicklung 50 ff., 54 f., 64

Zargen 17 f., 37
Zebra 89 f.
Zellprägung 18, 26, 55, 59 f., 66, 72, 94, 103
Zierkerze, viereckige 72 f.
Zierstreifen 58–62, 64, 66, 68 ff., 72, 74, 76, 102

## Erste Hilfe für Kinder.

**Diagram**
**Soforthilfe für mein Kind**
Bei Unfällen und Krankheiten

**ECON Ratgeber**

Diagram
*Soforthilfe für mein Kind*
Bei Unfällen und Krankheiten
128 Seiten
200 Zeichnungen
7,80 DM
ISBN 3-612-20115-8
ETB 20115

### Das Buch
Wie wäscht man eine Wunde aus? Wie behandelt man Verbrennungen? Wie wird ein Finger verbunden? Was macht man bei Knochenbrüchen? Wie entfernt man einen Splitter? Was gehört in den Erste-Hilfe-Schrank? Was macht man bei Hautinfektionen?
Auf diese und viele andere Fragen gibt das Buch klare Antworten, erklärt durch über 200 Zeichnungen. Es sagt den Eltern, wie sie sich bei Kinderkrankheiten und anderen kindlichen Problemen verhalten sollen, bei Blinddarmreizung und Ohrinfektionen, bei Schock und in vielen anderen Fällen.
Dieses Buch wurde in Zusammenarbeit mit dem Deutschen Roten Kreuz erstellt und ist Begleitbuch in einer ZDF-Fernsehreihe.

## Mehr Spaß am Lernen – Mehr Zeit zum Spielen.

Günther Beyer
**So lernen Schüler leichter**
Gedächtnis- und Konzentrationstraining

**ECON Ratgeber**

Beyer, Günther
*So lernen Schüler leichter*
– Gedächtnis- und Konzentrationstraining –
128 Seiten, 92 Zeichnungen, 49 Übungen
6,80 DM
ISBN 3-612-20001-1
ETB 20001

### Das Buch
Mangelhafte Konzentrationsfähigkeit und schlechtes Gedächtnis sind oft die Ursachen für ungenügende Leistungen in der Schule. Dieses Buch schafft Abhilfe: Kinder zwischen 8 und 15 Jahren erfahren, wie sie mit einfachen Lerntechniken ihr Gedächtnis schulen und ihre Konzentrationsfähigkeit erhöhen können, um besser zu werden, Spaß am schnellen Lernen zu finden und damit mehr Zeit zum Spielen zu haben.
Übungen und Kontrolltests helfen, Können und Leistungen zu steigern.

### Der Autor
Günther Beyer ist Gründer des Eltern-Schüler-Förderkreises Nordrhein-Westfalen. Er leitet ein eigenes Institut für Creatives Lernen.
Im ECON-Verlag erschienen seine Ratgeber „Creatives Lernen", „Gedächtnis- und Konzentrationstraining" und „Superwissen durch Alpha-Training".

## Die Ängste unserer Kinder.

Gisela Eberlein
**Ängste gesunder Kinder**
Praktische Hilfe bei Lernstörungen

**ECON Ratgeber**

Eberlein, Gisela
*Ängste gesunder Kinder*
– Praktische Hilfe bei Lernstörungen –
158 Seiten
7,80 DM
ISBN 3-612-20010-0
ETB 20010

### Das Buch
Jedes Kind kämpft mit unbewußten Ängsten, die es in irgendeiner Form hindern, zwanglos fröhlich, aktiv und spontan zu sein. Nervosität, Schlafstörungen, Kontaktschwierigkeiten, ja sogar Asthma, Stottern, Bettnässen sind Folgen dieser Ängste, die durch gezielt angewendete psychologische und pädagogische Entspannungsübungen behoben werden können. Wie, das zeigt dies Buch.

### Die Autorin
Dr. med. Gisela Eberlein lehrt in eigener Praxis, in Seminaren und Arbeitsgemeinschaften autogenes Training. Besonders bei Kindern erzielte sie über psychologisch und pädagogisch fundierte Entspannungsmethoden große Erfolge.

## Damit der Kindergeburtstag wirklich gelingt.

Isolde Kiskalt
**Wir feiern eine Kinderparty**

Spiele, Rezepte, Zaubereien für 4- bis 10jährige

**ECON Ratgeber**

Kiskalt, Isolde
*Wir feiern eine Kinderparty*
Spiele, Rezepte, Zaubereien für 4- bis 10jährige
Originalausgabe
128 Seiten
86 Zeichnungen
7,80 DM
ISBN 3-612-20102-6
ETB 20102

### Das Buch
Wichtig für eine Kinderparty ist die richtige Vorbereitung. Essen und Trinken, Spiele und Gewinne müssen geplant werden. Dazu findet man in diesem Buch zahlreiche Anregungen und Vorschläge.

### Aus dem Inhalt
Vorbereitungen zur Party · Rezepte für Kindergetränke, Gebäck und kleines kaltes Büfett · Bekannte und weniger bekannte Spiele (mit Altersangabe) · Kleine Zaubereien für die Erwachsenen · Zum Ausklang des Festes: eine Tombola.

### Die Autorin
Isolde Kiskalt ist Schriftstellerin und bringt mit ihre Erfahrungen, die sie bei Festen für ihre Tochter gewonnen hat.

# ETB-GESAMTVERZEICHNIS ECON RATGEBER

## Gesundheit

---

Maximilian Alexander
**Die (un)heimlichen Krankmacher**
Vorbeugen, erkennen, heilen

ECON Ratgeber
ETB 20039 DM 9,80
Originalausgabe, 144 Seiten

---

Wolf Ulrich
**Allergien sind heilbar**
Hilfe bei Heuschnupfen und anderen allergischen Krankheiten

ECON Ratgeber
ETB 20023 DM 8,80
159 Seiten, 14 Zeichnungen

---

Maximilian Alexander
**Rheuma ist heilbar**
Neueste Naturheilmethoden

ECON Ratgeber
ETB 20017 DM 7,80
142 Seiten

---

Bernard A. Bäker
**Gelenkerkrankungen**

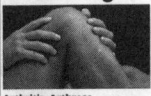

Arthritis, Arthrose, Gelenkrheuma

ECON Ratgeber
ETB 20080 DM 8,80
141 Seiten, 57 Zeichnungen, 12 Fotos

---

Gerhard Leibold
**Das Kreuz mit dem Kreuz**

Bandscheibenschäden vorbeugen und heilen

ECON Ratgeber
ETB 20133 DM 7,80
Originalausgabe, ca. 144 Seiten, 15 Zeichnungen

---

Bernard A. Bäker
**Migräne und Kopfschmerzen sind heilbar**

ECON Ratgeber
ETB 20063 DM 7,80
115 Seiten, 6 Zeichnungen

---

Werner Zenker
**Mit Asthma leben lernen**

ECON Ratgeber
ETB 20049 DM 7,80
Originalausgabe, 173 Seiten

---

Werner Zenker
**Mein Kind hat Asthma**

ECON Ratgeber
ETB 20037 DM 9,80
Originalausgabe, 202 Seiten

---

Martin Schwartz
**Stottern ist heilbar**

Erfolgreiche Behandlungsmethoden

ECON Ratgeber
ETB 20057 DM 7,80
176 Seiten

---

Gerhard Leibold
**Die Schilddrüse**

Krankheiten vorbeugen und behandeln

ECON Ratgeber
ETB 20106 DM 7,80
Originalausgabe, ca. 128 Seiten, 4 Zeichnungen

---

Bernard A. Bäker
**Brustkrebs**

Vorbeugen, erkennen, handeln

ECON Ratgeber
ETB 20107 DM 8,80
Originalausgabe, ca. 176 Seiten, Zeichnungen

---

Gerhard Leibold
**Risikofaktor Cholesterin**

Erkennen und vorbeugen

ECON Ratgeber
ETB 20083 DM 7,80
Originalausgabe, 138 Seiten, 5 Zeichnungen

---

Michael Eisenberg
**Magenkrank?**

Behandlung und Heilung

ECON Ratgeber
ETB 20068 DM 8,80
159 Seiten, 14 Zeichnungen

---

Angela Kilmartin
**Blasenentzündung**

Vorbeugen und selbst behandeln

ECON Ratgeber
ETB 20072 DM 8,80
164 Seiten, 18 Zeichnungen

---

Wolf Ulrich
**Zellulitis ist heilbar**
Orangenhaut – vorbeugen und selbst behandeln

ECON Ratgeber
ETB 20012 DM 6,80
128 Seiten, 51 Fotos

| | | | |
|---|---|---|---|
| P. van Keep/L. Jaszmann<br>**Die Wechseljahre der Frau**<br><br>ECON Ratgeber<br>ETB 20013 DM 6,80<br>139 Seiten,<br>6 Zeichnungen | Karl Heinz Reger<br>Sibylle Reger-Nowy<br>**Herpes**<br>Erkennen und behandeln<br>ECON Ratgeber<br>ETB 20096 DM 8,80<br>Aktualisierte und erweiterte Neuausgabe,<br>160 S., 16 Zeichnungen, 8 Fotos | Karl Heinz Reger<br>Petra Haimhausen<br>**AIDS**<br>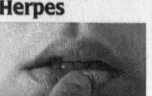<br>Die neue Seuche des 20. Jahrhunderts<br>ECON Ratgeber<br>ETB 20084 DM 8,80<br>Aktualisierte und erweiterte Neuausgabe,<br>134 Seiten | Rainer Haun<br>**Der mündige Patient**<br><br>Vom kritischen Umgang mit Ärzten<br>ECON Ratgeber<br>ETB 20078 DM 9,80<br>222 Seiten |
| Donald Vickery<br>James F. Fries<br>**Zum Arzt – oder nicht?**<br>Krankheiten erkennen und das Richtige tun<br>ECON Ratgeber<br>ETB 20007 DM 12,80<br>304 Seiten,<br>67 Graphiken | Diagram<br>**Soforthilfe für mein Kind**<br>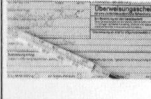<br>Bei Unfällen und Krankheiten<br>ECON Ratgeber<br>ETB 20115 DM 7,80<br>Deutsche Erstausgabe,<br>128 Seiten,<br>200 Zeichnungen | Maximilian Alexander<br>Eugen Zoubek<br>**Schmerzfrei durch Biomedizin**<br>Neue Naturheilmethoden<br>ECON Ratgeber<br>ETB 20000 DM 6,80<br>143 Seiten | Gerhard Jäger<br>**Die beste Medizin**<br>Möglichkeiten der Naturheilmittel<br><br>ECON Ratgeber<br>ETB 20027 DM 7,80<br>142 Seiten,<br>9 Zeichnungen |
| Ulrich Rückert<br>**Gesund ohne Pillen**<br><br>Naturheilmittel für jedermann<br>ECON Ratgeber<br>ETB 20071 DM 9,80<br>Originalausgabe,<br>207 Seiten,<br>23 Zeichnungen | Anton Stangl<br>**Heilen aus geistiger Kraft**<br>Zur Aktivierung innerer Energien<br>ECON Ratgeber<br>ETB 20029 DM 6,80<br>143 Seiten | Marie-Luise und Anton Stangl<br>**Hoffnung auf Heilung**<br>Seelisches Gleichgewicht bei schwerer Krankheit<br>ECON Ratgeber<br>ETB 20035 DM 9,80<br>Originalausgabe,<br>234 Seiten | Natalie Rogers<br>**Schluß mit der Erschöpfung**<br><br>ECON Ratgeber<br>ETB 20058 DM 7,80<br>Deutsche Erstausgabe,<br>141 Seiten |
| Gerhard Leibold<br>**Gesund und fit durch Ballaststoffe**<br><br>ECON Ratgeber<br>ETB 20082 DM 7,80<br>Originalausgabe,<br>140 Seiten,<br>5 Zeichnungen | Hans A. Bloss<br>**Bewegung tut not**<br><br>Ein Programm für Sportmuffel<br>ECON Ratgeber<br>ETB 20145 DM 9,80<br>Originalausgabe,<br>ca. 160 Seiten,<br>20 Zeichnungen | Ute Busch<br>Karl-Gustav Gies<br>Nils Waegner<br>**Heilschwimmen**<br>Gesundheitstraining für jung und alt<br>ECON Ratgeber<br>ETB 20097 DM 9,80<br>Originalausgabe,<br>ca. 208 Seiten | Gerhard Jäger<br>**Wasser wirkt Wunder**<br>Natürliche Heilmethoden<br><br>ECON Ratgeber<br>ETB 20006 DM 6,80<br>159 Seiten,<br>26 Fotos |

### A. Werner
# Wege weg vom Alkohol

**ECON Ratgeber**

ETB 20075    DM 9,80
Originalausgabe,
215 Seiten

### Hans Ewald
# Akupressur für Jeden

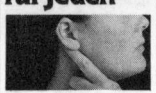

ECON Ratgeber

ETB 20020    DM 6,80
111 Seiten,
41 Zeichnungen,
55 Fotos

### Hans Ewald
# Akupunktur für Jeden
Eine Anleitung in Bildern

ECON Ratgeber

ETB 20005    DM 6,80
112 Seiten,
35 Zeichnungen,
43 Fotos

### Alfred Bierach
# Reflexzonentherapie
Krankheiten erkennen und selbst behandeln

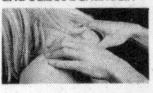

ECON Ratgeber

ETB 20002    DM 6,80
123 Seiten,
89 Zeichnungen,
46 Fotos

### Chris Stadtlaender
# Selbstmassage

Gesund und schön durch eigene Kraft

**ECON Ratgeber**

ETB 20067    DM 8,80
Originalausgabe,
160 Seiten,
29 Zeichnungen

### Yukiko Irwin
# Shiatzu

Mit 10 Fingern gegen 1000 Krankheiten

**ECON Ratgeber**

ETB 20140    DM 9,80
160 Seiten,
177 Zeichnungen

### Hartmut Weiss
# Yoga
## Meditation
Schulung zur Selbstverwirklichung

ECON Ratgeber

ETB 20030    DM 5,80
126 Seiten,
36 Zeichnungen

### Stella Weller
# Natürliche Geburt durch Yoga

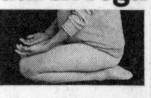

ECON Ratgeber

ETB 20014    DM 7,80
160 Seiten,
64 Fotos

### Gisela Eberlein
# Gesund durch Autogenes Training

**ECON Ratgeber**

ETB 20141    DM 7,80
132 Seiten,
6 Zeichnungen

### Gisela Eberlein
# Autogenes Training mit Kindern

ECON Ratgeber

ETB 20004    DM 6,80
112 Seiten

### Gisela Eberlein
# Autogenes Training mit Jugendlichen

Ziel, Sinn, Praxis

**ECON Ratgeber**

ETB 20061    DM 7,80
126 Seiten

### Gisela Eberlein
# Autogenes Training für Fortgeschrittene

**ECON Ratgeber**

ETB 20098    DM 7,80
120 Seiten

### Cornelia Dunkel / H. Schulz
# Boxgymnastik für Frauen

Das neue Fitneßprogramm für den ganzen Körper

**ECON Ratgeber**

ETB 20149    DM 8,80
Originalausgabe,
112 Seiten,
102 Fotos

### Frieder Anders
# Tai Chi Chuan

Meditation in Bewegung zur Steigerung des Körpergefühls und zur Festigung der Gesundheit

**ECON Ratgeber**

ETB 20065    DM 9,80
155 Seiten,
217 Fotos,
5 Zeichnungen

### Chris Stadtlaender
# Natürlich schön durch Bio-Kosmetik

ECON Ratgeber

ETB 20025    DM 9,80
174 Seiten, 16 Zeichnungen,
5 Farbfotos,
253 Rezepte

# Essen und Trinken

## Ilse Sibylle Dörner
### Das grüne Kochbuch
Handbuch der naturbelassenen Küche

ECON Ratgeber

ETB 20026 — DM 12,80
270 Seiten,
20 Zeichnungen,
382 Rezepte

## Helma Danner
### Biologisch kochen und backen
Das Rezeptbuch der natürlichen Ernährung

ECON Ratgeber

ETB 20003 — DM 14,80
288 Seiten,
8 Farbtafeln,
425 Rezepte

## Ilse Sibylle Dörner
### Diät mit Bio-Kost
Schlank, gesund und fit

ECON Ratgeber

ETB 20019 — DM 9,80
Originalausgabe,
189 Seiten, 16 Zeichnungen,
232 Rezepte

## Helma Danner
### Bio-Kost für mein Kind

ECON Ratgeber

ETB 20050 — DM 8,80
160 Seiten,
20 Zeichnungen

## Anneliese und Gerhard Eckert
### Selbst räuchern

Fische, Fleisch und Wurst ... Rezepte

ECON Ratgeber

ETB 20087 — DM 9,80
Originalausgabe,
144 Seiten,
Zeichnungen

## Veronika Müller
### Käse und Joghurt selbst herstellen

Mit 100 Rezepten zum Kochen

Originalausgabe

ECON Ratgeber

ETB 20136 — DM 8,80
Originalausgabe,
ca. 128 Seiten,
20 Zeichnungen

## Heidemarie Freund
### Marmeladen, Konfitüren und Gelees

150 Rezepte

Originalausgabe

ECON Ratgeber

ETB 20144 — DM 9,80
Originalausgabe,
ca. 128 Seiten,
Zeichnungen

## Ilse Sibylle Dörner
### Kochen und heilen mit Honig

ECON Ratgeber

ETB 20070 — DM 9,80
221 Seiten,
15 Zeichnungen,
516 Rezepte

## Peter Espe
### Tips für den Weinkauf

Band 1: Das Grundwissen

ECON Ratgeber

ETB 20148 — DM 8,80
168 Seiten,
20 Zeichnungen

## Katharina Buss
### Leib- und Magenelixiere
Selbstgemachte Liköre und Schnäpse

ECON Ratgeber

ETB 20018 — DM 8,80
Originalausgabe,
144 Seiten, 30 Zeichnungen,
4 Farbtafeln, 167 Rezepte

## Peter C. Hubschmid
### Tee – für Kenner und Genießer

Ein Brevier mit 40 Teerezepten

ECON Ratgeber

ETB 20073 — DM 8,80
Originalausgabe,
144 Seiten,
20 Zeichnungen

## Gini Rock
### Aus der Bohne wird Kaffee
80 Rezepte zur Zubereitung eines klassischen Getränks

ECON Ratgeber

ETB 20048 — DM 8,80
Originalausgabe,
168 Seiten,
37 Abbildungen

# Natur

## Heidrun und Friedrich Jantzen
### Das Gartenjahr im Gemüsegarten

ECON Ratgeber

ETB 20108 — DM 9,80
Originalausgabe,
ca. 128 Seiten,
ca. 100 Zeichnungen und Fotos

## Ina Jung
### Biologisch düngen

Gesunder Boden, weniger Schadstoffbelastung, mehr Ertrag

ECON Ratgeber

ETB 20134 — DM 9,80
Originalausgabe,
ca. 128 Seiten,
ca. 50 Zeichnungen

## Ina Jung
### Der ökologische Wassergarten

Ein Biotop im Garten

**ECON Ratgeber**

ETB 20142 — DM 9,80
Originalausgabe,
ca. 144 Seiten,
ca. 50 Zeichnungen

## Ina Jung
### Der Ökogarten für Kinder

Natur verstehen auf kleinstem Raum

**ECON Ratgeber**

ETB 20099 — DM 9,80
Originalausgabe,
128 Seiten,
50 Zeichnungen

## Gustav Schoser
### Pflanzen überwintern

Immergrüne und laubabwerfende Gehölze, krautige Pflanzen

Originalausgabe

**ECON Ratgeber**

ETB 20085 — DM 9,80
Originalausgabe,
ca. 144 Seiten,
ca. 50 Zeichnungen

## Gustav Schoser
### Zimmerpflanzen unter Kunstlicht

**ECON Ratgeber**

ETB 20116 — DM 9,80
Originalausgabe,
ca. 144 Seiten, 4 Farbtafeln,
30 Fotos und Zeichnungen

## Katharina Buss
### Der Nutzgarten im Blumentopf

Kräuter und Gemüse statt Zierpflanzen

**ECON Ratgeber**

ETB 20059 — DM 9,80
205 Seiten,
66 Zeichnungen

## Brigitte Eilert-Overbeck
### Meine Katze

Verhalten, Ernährung, Pflege

Begleitbuch zur ZDF-Serie »Mit Tieren leben«

**ECON Ratgeber**

ETB 20151 — DM 8,80
Originalausgabe,
140 Seiten,
24 Zeichnungen

## Arnt-Günter Nimz
### Mein Hund

Verhalten, Erziehung, Pflege

Begleitbuch zur ZDF-Serie »Mit Tieren leben«

**ECON Ratgeber**

ETB 20150 — DM 8,80
Originalausgabe,
128 Seiten,
ca. 30 Zeichnungen

## Udo B. Brumpreiksz
### Mein Dackel

Pflege, Ernährung, Krankheiten

**ECON Ratgeber**

ETB 20086 — DM 8,80
Originalausgabe,
ca. 144 Seiten,
ca. 30 Abbildungen

## Rolf Spangenberg
### Klassehunde ohne Rasse

Freundschaft, die nie enttäuscht

**ECON Ratgeber**

ETB 20109 — DM 9,80
224 Seiten,
30 Fotos

## Horst Schall
### Mein Kaninchen

Herkunft, Verhalten, Pflege

Begleitbuch zur ZDF-Serie »Mit Tieren leben«

Originalausgabe

**ECON Ratgeber**

ETB 20135 — DM 8,80
Originalausgabe,
ca. 160 Seiten,
30 Fotos und Zeichnungen

## Hans J. Mayland
### Aquarium für Anfänger

Beckenarten, Aquarientechnik, Bepflanzung, Fische

**ECON Ratgeber**

ETB 20100 — DM 9,80
Originalausgabe,
144 Seiten,
30 Farbfotos, 60 Zeichnungen

## Gaby Karmann / Detlef Ost
### Naturheilkunde für Katzen

**ECON Ratgeber**

ETB 20077 — DM 7,80
Originalausgabe,
96 Seiten,
21 Zeichnungen

## I. Ghosh
### Naturheilkunde für Hunde

**ECON Ratgeber**

ETB 20076 — DM 7,80
Originalausgabe,
120 Seiten,
14 Zeichnungen

## Walter Salomon
### Naturheilkunde für Pferde

**ECON Ratgeber**

ETB 20117 — DM 9,80
Originalausgabe,
ca. 208 Seiten,
40 Fotos und Zeichnungen

## Marga Drossard / Ursula Letschert
### Naturheilkunde für Kleintiere

**ECON Ratgeber**

ETB 20118 — DM 9,80
Originalausgabe,
ca. 160 Seiten,
ca. 40 Zeichnungen

# Hobby

### Heidemarie Freund
## Schöne Geschenke selbst gebastelt

*Originalausgabe*

**ECON Ratgeber**

ETB 20088 — DM 8,80
Originalausgabe,
112 Seiten,
ca. 70 Zeichnungen

### Heidemarie Freund
## Basteln mit Kindern

Zauberhafte Ideen für 4- bis 10jährige

*Originalausgabe*

**ECON Ratgeber**

ETB 20101 — DM 8,80
Originalausgabe,
112 Seiten,
ca. 70 Zeichnungen

### Christel Keller
## Seidenmalerei

**ECON Ratgeber**

ETB 20137 — DM 14,80
Originalausgabe,
ca. 30 Fotos, 16 Farbtafeln

### Eva Gabisch
## Chinesische Malerei
Anleitung für ein schöpferisches Hobby

ECON Ratgeber

ETB 20011 — DM 5,80
95 Seiten,
3 Farbtafeln,
70 Zeichnungen

### Annette Arnold
## Kerzen und Figuren aus Bienenwachs

Anleitung zum Selbermachen

**ECON Ratgeber**

ETB 20110 — DM 9,80
Originalausgabe,
128 Seiten,
ca. 50 Fotos und Zeichnungen

### Edda Biesterfeld
## Kleine Kunst auf weißem Gold
Ein Kurs zum Erlernen der Porzellanmalerei

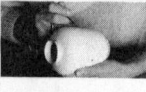

ECON Ratgeber

ETB 20009 — DM 8,80
157 Seiten,
16 Farbfotos,
80 Zeichnungen

### Dieter Heitmann
## Holz – das natürlichste Spielzeug der Welt
Ideen zum Selbermachen

ECON Ratgeber

ETB 20034 — DM 12,80
122 Seiten,
68 Fotos, 13 Farbfotos,
100 Zeichnungen

### Klaus Oberbeil
## Kaufen und verkaufen auf dem Flohmarkt

**ECON Ratgeber**

ETB 20079 — DM 8,80
Originalausgabe,
160 Seiten

### Heiner Vogelsang
## Trödel sammeln und restaurieren
1000 Tips für den Umgang mit alten Stücken

ECON Ratgeber

ETB 20042 — DM 12,80
Originalausgabe,
174 Seiten, 8 Farbtafeln,
36 Zeichnungen

### Helmut-Maria Glogger
## Kunst und Antiquitäten sachkundig kaufen

**ECON Ratgeber**

ETB 20089 — DM 14,80
Originalausgabe,
ca. 180 Seiten,
ca. 40 Zeichnungen

### Siegfried Sterner
## Hausmusik
Vergnügen in Dur und Moll

ECON Ratgeber

ETB 20036 — DM 9,80
187 Seiten,
31 Zeichnungen

# Spiele und Unterhaltung

### H. Otake / S. Futakuchi
## Go

Das Einführungsbuch des Deutschen Go-Bundes

**ECON Ratgeber**

ETB 20103 — DM 9,80
Deutsche Erstausgabe,
200 Seiten,
250 Diagramme

### Alfred Schwarz
## Backgammon

Das offizielle Regelbuch des Deutschen Backgammon-Bundes

**ECON Ratgeber**

ETB 20112 — DM 9,80
Originalausgabe,
ca. 128 Seiten,
116 Zeichnungen

### Ruth Dirx
## Kinderspiele von Januar bis Dezember
Unterhaltung für Mädchen, Jungen und Eltern

ECON Ratgeber

ETB 20032 — DM 7,80
175 Seiten,
55 Zeichnungen,
198 Spielideen

| | | | |
|---|---|---|---|
| **Isolde Kiskalt**<br>**Wir feiern eine Kinderparty**<br><br>Spiele, Rezepte, Zaubereien für 4- bis 10jährige<br>**ECON Ratgeber**<br>ETB 20102 — DM 7,80<br>Originalausgabe, 128 Seiten, 86 Zeichnungen | **Martin Weghorn**<br>**1000 Fragen zur Umwelt**<br><br>Ein Quizbuch für Wissen und Unterhaltung<br>**ECON Ratgeber**<br>ETB 20090 — DM 7,80<br>Originalausgabe, 128 Seiten, ca. 100 Zeichnungen | **Martin Weghorn**<br>**1000 Fragen zur Geographie**<br><br>Ein Quizbuch für Wissen und Unterhaltung<br>**ECON Ratgeber**<br>ETB 20111 — DM 7,80<br>Originalausgabe, ca. 128 Seiten, ca. 10 Zeichnungen | **Martin Weghorn**<br>**1000 Fragen zur Geschichte**<br><br>Ein Quizbuch für Wissen und Unterhaltung<br>**ECON Ratgeber**<br>ETB 20138 — DM 7,80<br>Originalausgabe, ca. 128 Seiten |
| Reden,<br><br>Briefe,<br><br>deutsche<br><br>Sprache | **Edith Hallwass**<br>**Gutes Deutsch in allen Lebenslagen**<br><br>**ECON Ratgeber**<br>ETB 20139 — DM 14,80<br>530 Seiten | **Heidemarie Müller**<br>**Die schönsten Poesiealbumverse**<br><br>**ECON Ratgeber**<br>ETB 20092 — DM 6,80<br>Originalausgabe, 111 Seiten | **Frank Hercher**<br>**Ansprachen, Reden, Toasts**<br><br>Für alle Gelegenheiten<br>**ECON Ratgeber**<br>ETB 20093 — DM 9,80<br>224 Seiten |
| **Franz Bludau**<br>**Liebesbriefe**<br><br>Musterbriefe für Verliebte<br>**ECON Ratgeber**<br>ETB 20105 — DM 7,80<br>Originalausgabe, ca. 128 Seiten | **Brigitte Otto**<br>**Vornamen**<br>Herkunft und Bedeutung Von Abigail bis Zygmunt<br>*Originalausgabe*<br>**ECON Ratgeber**<br>ETB 20113 — DM 7,80<br>Originalausgabe, ca. 160 Seiten | Lebenshilfe | **Peter Lauster**<br>**Lassen Sie sich nichts gefallen**<br><br>Die Kunst, sich durchzusetzen Mut zum Ich<br>**ECON**<br>ETB 20081 — DM 12,80<br>285 Seiten, 33 Zeichnungen |
| **Anton und Marie-Luise Stangl**<br>**Lebenskraft**<br><br>Selbstverwirklichung durch Eutonie und Zen<br>**ECON Ratgeber**<br>ETB 20094 — DM 12,80<br>296 Seiten | **Marie-Luise Stangl**<br>**Jede Minute sinnvoll leben**<br>Vertrauen zu sich selbst gewinnen<br><br>**ECON Ratgeber**<br>ETB 20015 — DM 5,80<br>123 Seiten | **Marie-Luise Stangl**<br>**Die Welt der Chakren**<br>Praktische Übungen zur Seins-Erfahrung<br><br>**ECON Ratgeber**<br>ETB 20022 — DM 5,80<br>Originalausgabe, 107 Seiten, 49 Zeichnungen | **Joseph Wolpe**<br>**Unsere sinnlosen Ängste**<br>Wege zu ihrer Überwindung<br><br>**ECON Ratgeber**<br>ETB 20031 — DM 8,80<br>204 Seiten |

| | | | |
|---|---|---|---|
| Bernhard Müller-Elmau<br>**Kräfte aus der Stille**<br>Die transzendentale Meditation<br><br>ECON Ratgeber<br>ETB 20021  DM 7,80<br>191 Seiten | Gerhard Leibold<br>**Körpertherapie**<br>Einklang von Körper, Geist und Psyche<br>ECON Ratgeber<br>ETB 20114  DM 7,80<br>Originalausgabe,<br>ca. 160 Seiten,<br>15 Zeichnungen | Marianne Schneider-Düker<br>**Gruppen-psychotherapie**<br>Methoden, Probleme, Erfolge<br><br>ECON Ratgeber<br>ETB 20055  DM 7,80<br>135 Seiten,<br>6 Abbildungen | Peter Lauster<br>**Statussymbole**<br>Wie jeder jeden beeindrucken will<br><br>ECON<br>ETB 20104  DM 9,80<br>204 Seiten,<br>25 Zeichnungen |
| Maximilian Alexander<br>**Schein und Wirklichkeit der Sekten**<br><br>ECON Ratgeber<br>ETB 20069  DM 9,80<br>Originalausgabe,<br>ca. 192 Seiten | Alfred Bierach<br>**Schlank im Schlaf durch vertiefte Entspannung**<br>Die SIS-Methode<br>ECON Ratgeber<br>ETB 20008  DM 6,80<br>144 Seiten,<br>1 Graphik | Waltraud Simon<br>**Praxis der Eheinstitute**<br><br>ECON Ratgeber<br>ETB 20062  DM 8,80<br>Originalausgabe,<br>139 Seiten | Mavis Klein<br>**Ein Partner für mich**<br>Wege zu Freundschaft und Liebe<br><br>ECON Ratgeber<br>ETB 20028  DM 7,80<br>156 Seiten,<br>21 Graphiken |
| Debora Phillips<br>Robert Judd<br>**Das Ende einer Zweier-beziehung**<br><br>Auf dem Weg zum neuen Ich<br>ECON Ratgeber<br>ETB 20066  DM 8,80<br>Deutsche Erstausgabe,<br>143 Seiten | Stephen M. Johnson<br>**Nach der Trennung wieder glücklich**<br>ECON Ratgeber<br>ETB 20041  DM 9,80<br>287 Seiten | Roland Kopping<br>**Träume und ihre Deutung**<br><br>ECON Ratgeber<br>ETB 20120  DM 9,80<br>Originalausgabe,<br>ca. 200 Seiten | Georg Götte<br>**Ahnen-forschung**<br>So erstellt man seinen Stammbaum<br>ECON Ratgeber<br>ETB 20119  DM 8,80<br>Originalausgabe,<br>ca. 144 Seiten,<br>10 Zeichnungen |
| Manfred Lucas<br>**Hören, um gehört zu werden**<br><br>Die Kunst des richtigen Zuhörens<br>ECON Ratgeber<br>ETB 20146  DM 8,80<br>Originalausgabe,<br>ca. 128 Seiten | Bernd Kirchner<br>**Die trügerische Sicherheit**<br>Tips für den Umgang mit Versicherungen<br>ECON Ratgeber<br>ETB 20053  DM 9,80<br>205 Seiten | Kinder- und Schüler-hilfen | W. Zeise/J. A. Stöhr<br>**Kinder-Medizin, Pädagogik, Psychologie**<br>Ein Lexikon<br><br>ECON Ratgeber<br>ETB 20043  DM 16,80<br>Aktualisierte Neuausgabe,<br>534 Seiten,<br>111 Zeichnungen |

| | | | |
|---|---|---|---|
| Emil und Octavia Wieczorek<br>**So fördere ich mein Kind**<br>100 psychopädagogisch erprobte Spiele<br><br>ECON Ratgeber<br>ETB 20054 — DM 8,80<br>Originalausgabe, 182 Seiten | Hannes Lachenmair<br>**Eltern-initiativen**<br>Wir organisieren einen Kindergarten<br><br>ECON Ratgeber<br>ETB 20046 — DM 9,80<br>Originalausgabe, 204 Seiten | Fitzhugh Dodson<br>**Väter sind die besten Mütter**<br><br>Kinder brauchen ihre Väter<br>ECON Ratgeber<br>ETB 20056 — DM 9,80<br>280 Seiten | Günther Beyer<br>**So lernen Schüler leichter**<br>Gedächtnis- und Konzentrationstraining<br><br>ECON Ratgeber<br>ETB 20001 — DM 6,80<br>128 Seiten, 92 Zeichnungen, 49 Übungen |
| Arnold Grömminger<br>**Kinder wollen lesen**<br>Über die sinnvolle Auswahl von Büchern<br><br>ECON Ratgeber<br>ETB 20033 — DM 7,80<br>112 Seiten | Uwe-Jörg Jopt<br>**Schlechte Schüler – faule Schüler?**<br>Wie Eltern helfen können<br><br>ECON Ratgeber<br>ETB 20045 — DM 7,80<br>143 Seiten | Rudolf Meinert<br>**Mein Kind in der Pubertät**<br>ECON Ratgeber<br>ETB 20047 — DM 7,80<br>136 Seiten | Gisela Eberlein<br>**Ängste gesunder Kinder**<br>Praktische Hilfe bei Lernstörungen<br><br>ECON Ratgeber<br>ETB 20010 — DM 7,80<br>158 Seiten |
| Joan Freeman<br>**Erziehung und Intelligenz**<br>Natürliche Anlagen erkennen und fördern<br>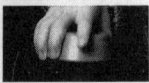<br>ECON Ratgeber<br>ETB 20044 — DM 9,80<br>191 Seiten | Jerry Jacobs<br>**Ich weiß keinen Ausweg mehr**<br>Hilfe für selbstmordgefährdete Jugendliche<br>ECON Ratgeber<br>ETB 20040 — DM 9,80<br>176 Seiten | Astrologie | Hanns-Manfred Heuer<br>**Mein Kind ist Widder**<br><br>Vom 21. März bis 20. April<br>ECON Ratgeber<br>ETB 20121 — DM 6,80<br>112 Seiten, 10 Zeichnungen |
| Hanns-Manfred Heuer<br>**Mein Kind ist Stier**<br><br>Vom 21. April bis 20. Mai<br>ECON Ratgeber<br>ETB 20122 — DM 6,80<br>112 Seiten, 10 Zeichnungen | Hanns-Manfred Heuer<br>**Mein Kind ist Zwilling**<br><br>Vom 21. Mai bis 21. Juni<br>ECON Ratgeber<br>ETB 20123 — DM 6,80<br>112 Seiten, 10 Zeichnungen | Hanns-Manfred Heuer<br>**Mein Kind ist Krebs**<br><br>Vom 22. Juni bis 22. Juli<br>ECON Ratgeber<br>ETB 20124 — DM 6,80<br>112 Seiten, 10 Zeichnungen | Hanns-Manfred Heuer<br>**Mein Kind ist Löwe**<br><br>Vom 23. Juli bis 23. August<br>ECON Ratgeber<br>ETB 20125 — DM 6,80<br>112 Seiten, 10 Zeichnungen |

| | | | |
|---|---|---|---|
| **Hanns-Manfred Heuer**<br>**Mein Kind ist Jungfrau**<br><br>Vom 24. August bis 23. September<br>**ECON Ratgeber**<br>ETB 20126 DM 6,80<br>112 Seiten, 10 Zeichnungen | **Hanns-Manfred Heuer**<br>**Mein Kind ist Waage**<br>Vom 24. September bis 23. Oktober<br>**ECON Ratgeber**<br>ETB 20127 DM 6,80<br>112 Seiten, 10 Zeichnungen | **Hanns-Manfred Heuer**<br>**Mein Kind ist Skorpion**<br><br>Vom 24. Oktober bis 22. November<br>**ECON Ratgeber**<br>ETB 20128 DM 6,80<br>112 Seiten, 10 Zeichnungen | **Hanns-Manfred Heuer**<br>**Mein Kind ist Schütze**<br><br>Vom 23. November bis 21. Dezember<br>**ECON Ratgeber**<br>ETB 20129 DM 6,80<br>112 Seiten, 10 Zeichnungen |
| **Hanns-Manfred Heuer**<br>**Mein Kind ist Steinbock**<br>Vom 22. Dezember bis 20. Januar<br>**ECON Ratgeber**<br>ETB 20130 DM 6,80<br>112 Seiten, 10 Zeichnungen | **Hanns-Manfred Heuer**<br>**Mein Kind ist Wassermann**<br>Vom 21. Januar bis 19. Februar<br>**ECON Ratgeber**<br>ETB 20131 DM 6,80<br>112 Seiten, 10 Zeichnungen | **Hanns-Manfred Heuer**<br>**Mein Kind ist Fisch**<br>Vom 20. Februar bis 20. März<br>**ECON Ratgeber**<br>ETB 20132 DM 6,80<br>112 Seiten, 10 Zeichnungen | |
| **Umwelt, Ökologie** | **Sabine Bahnemann**<br>**Alltagsökologie**<br><br>Global denken – lokal handeln<br>**ECON Ratgeber**<br>ETB 20064 DM 9,80<br>Originalausgabe, 222 Seiten, über 100 Zeichnungen | **Robert Müller**<br>**Giftige Stoffe im Haushalt**<br>Verhaltensempfehlungen und Richtlinien<br>*Originalausgabe*<br>**ECON Ratgeber**<br>ETB 20095 DM 8,80<br>Originalausgabe, 160 Seiten, ca. 10 Abbildungen | **E. Dölle/W. Koch**<br>**Selbstversorgung – aber wie**<br>Unabhängigkeit für Stadt- und Landbewohner<br>**ECON Ratgeber**<br>ETB 20051 DM 9,80<br>Originalausgabe, 191 Seiten, 68 Zeichnungen |
| **Praxis** | **Edgar Forster**<br>**Sich selbständig machen – gewußt wie**<br><br>**ECON Praxis**<br>ETB 21001 DM 9,80<br>Originalausgabe, 192 Seiten | **Heiner Kurt Wülfrath**<br>**Sich erfolgreich bewerben und vorstellen**<br><br>Ein praktischer Ratgeber für Stellensuchende<br>**ECON Praxis**<br>ETB 21004 DM 5,80<br>Originalausgabe, 90 Seiten | **Manfred Lucas**<br>**Bewerbungsgespräche erfolgreich führen**<br><br>**ECON Praxis**<br>ETB 21020 DM 8,80<br>Originalausgabe, ca. 128 Seiten |

| | | | |
|---|---|---|---|
| Manfred Lucas<br>**Arbeitszeugnisse richtig deuten**<br><br>**ECON Praxis**<br>ETB 21016  DM 8,80<br>Originalausgabe,<br>ca. 128 Seiten | Manfred Bosse<br>**Was tun bei Kündigung?**<br>Rechte und Möglichkeiten des Arbeitnehmers<br>**ECON Praxis**<br>ETB 21014  DM 9,80<br>Originalausgabe,<br>298 Seiten | Axel Winterstein<br>**Vorankommen durch Weiterbildung**<br>**ECON Praxis**<br>ETB 21015  DM 9,80<br>Originalausgabe,<br>ca. 160 Seiten | Axel Winterstein<br>**Abitur – was dann?**<br>Berufschancen mit und ohne Studium<br>**ECON Praxis**<br>ETB 21018  DM 9,80<br>Originalausgabe,<br>ca. 176 Seiten |
| C.V. Rock<br>**Berufsalternativen für arbeitslose Lehrerinnen und Lehrer**<br>Möglichkeiten in selbständigen und nichtselbständigen Bereichen<br>**ECON Praxis**<br>ETB 21006  DM 9,80<br>Originalausgabe,<br>191 Seiten | Renate Gorges<br>**Job-Sharing**<br>Möglichkeiten für Arbeitsstellung und Arbeitszeitorganisation<br>**ECON Praxis**<br>ETB 21002  DM 9,80<br>Originalausgabe,<br>170 Seiten | Harry Holzheu<br>**Gesprächspartner bewußt für sich gewinnen**<br><br>Psychologie und Technik des partnerorientierten Verhaltens<br>**ECON Praxis**<br>ETB 21003  DM 8,80<br>Originalausgabe,<br>192 Seiten | Anton Stangl<br>**Das Buch der Verhandlungskunst**<br><br>Psychologisch richtig verkaufen<br>**ECON Praxis**<br>ETB 21008  DM 12,80<br>376 Seiten |
| Gerd Ammelburg<br>**Die Rednerschule**<br>Reden, verhandeln, überzeugen<br>**ECON Praxis**<br>ETB 21010  DM 12,80<br>192 Seiten,<br>11 Fotos,<br>25 Zeichnungen | Wolfgang Zielke<br>**Informiert sein ist alles**<br>Die Papierflut sinnvoll nutzen<br>**ECON Praxis**<br>ETB 21007  DM 8,80<br>185 Seiten | Ullrich Sievert<br>**Mehr Zeit für das Wichtige**<br>Prinzipien, Methoden, Techniken<br>**ECON Praxis**<br>ETB 21013  DM 9,80<br>154 Seiten | Rolf W. Schirm<br>**Kürzer, knapper, präziser**<br><br>Erfolgreiche Kommunikation im Büro<br>**ECON Praxis**<br>ETB 21023  DM 8,80<br>112 Seiten |
| Jürgen Bleis<br>Hellmut W. Hofmann<br>**Schach und Management**<br><br>Wie man zum Zuge kommt<br>**ECON Praxis**<br>ETB 21009  DM 14,80<br>248 Seiten,<br>37 Diagramme | Antony Jay<br>**Management und Machiavelli**<br><br>Von der Kunst, oben zu bleiben<br>**ECON Praxis**<br>ETB 21017  DM 9,80<br>264 Seiten | Anton Stangl<br>**Verkaufen muß man können**<br><br>Eine praktische Verkaufs- und Verhandlungsstrategie<br>**ECON Praxis**<br>ETB 21012  DM 8,80<br>127 Seiten | Klaus Oberbeil<br>**Verkaufen mit Video**<br><br>Möglichkeiten, Erfahrungen, Zukunftschancen<br>**ECON Praxis**<br>ETB 21005  DM 12,80<br>Originalausgabe,<br>171 Seiten |

**Kurt H. Setz**
**Für ein paar Jahre ins Ausland**

Erfahrungen und Tips

**ECON Praxis**

ETB 21011  **DM 12,80**
Originalausgabe,
205 Seiten

Kurt H. Setz
**Leben, studieren, arbeiten in Großbritannien**

**ECON Praxis**

ETB 21021  **DM 8,80**
Originalausgabe,
ca. 128 Seiten

Kurt H. Setz
**Leben, studieren, arbeiten in Frankreich**

**ECON Praxis**

ETB 21022  **DM 8,80**
Originalausgabe,
ca. 128 Seiten

---

# Bestellschein ETB

Ich bestelle hiermit aus dem
ECON Taschenbuch Verlag,
Postfach 9229, 4000 Düsseldorf 1,
durch die Buchhandlung:

Buchhandlung:

____ Ex. _____    ____ Ex. _____
____ Ex. _____    ____ Ex. _____
____ Ex. _____    ____ Ex. _____
____ Ex. _____    ____ Ex. _____
____ Ex. _____    ____ Ex. _____

Name:

Straße:                  Ort:

Datum:                   Unterschrift:

Preisänderungen und Irrtum vorbehalten. Stand 1. 8. 1985